Hr. Max Schäppi
Hotzestr. 52, 8006 Zch.

Paul Erni PILATUS

Paul Erni # PILATUS

Aufzeichnungen und Skizzen

Verlag Neue Zürcher Zeitung

Alle 27 Farb- und 106 Schwarzweissreproduktionen stammen aus Skizzenbüchern des Autors

Copyright © 1980 Verlag Neue Zürcher Zeitung, Zürich
Alle Rechte vorbehalten
Graphische Gestaltung: Kurt Hauri, Neue Zürcher Zeitung
Lithos: Litho Kläusler AG, Kloten
Herstellung: Druckerei Neue Zürcher Zeitung, Zürich
Einband: Grossbuchbinderei Heinrich Weber AG, Winterthur
Printed in Switzerland
ISBN 3 85823 003 0

Inhaltsübersicht

7 Vorwort
9 Pilatus
21 Der Neubau
33 Die vier Gesichter
46 Die Tomliwand
58 Der grosse Knall
71 Tricouni
82 Im Eigental
96 Sturz am Chriesiloch
109 Der Winterwart
121 Die sieben Perlen
135 Rettung aus der Wand
145 Intermezzi
153 Höchberg
162 Meditationen
175 Die Ballnacht
187 Mülimäs
195 Mons Fractus

208 Über den Autor

Jedem Luzerner ist der Pilatus irgendwie ans Herz gewachsen, zwangsläufig sozusagen, denn er nimmt ihn täglich wahr, sei es in voller Gestalt und Pracht an schönen Tagen, sei es in vermuteten Konturen, wenn Nebel und Wolken ihn verhüllen. Manch einem ist er ein eigentlicher Schicksalsberg, so auch mir, und das in vieler Hinsicht. Als zweitjüngstes Kind einer grossen Familie bin ich in der Stadt Luzern am Fusse des Pilatus aufgewachsen. Seit der frühesten Jugend stand der Berg im Mittelpunkt meiner körperlichen und geistigen Entfaltung. Die befreiende Weite und der natürliche Reichtum der stadtnahen Hochwälder und Alpweiden sowie die Reize der felsigen Grate, Klüfte und Wände nahmen mich schon früh gefangen, und bis zum heutigen Tag schenkt mir der Berg stets von neuem Lebensfreude. Was Wunder, wenn der Pilatus mit seinen ausgesetzten Pfaden und seiner Eigenart vielfältigen Niederschlag gefunden hat in meinen Aufzeichnungen und Skizzen, wenn an ihm die freundschaftlichen Bande lebendig blieben, die mich noch heute mit andern Luzerner Berggängern zusammenhalten. Doch warum dieses ergreifende Erleben für sich behalten, warum

die Aufzeichnungen nicht einem breiten Leserkreis zugänglich machen mitsamt den spontanen Skizzen aus der lädierten Rucksackfibel eines umherstreifenden Dilettanten? Alles in der Hoffnung, den vielen Pilatuswanderern durch die gemeinsame Erinnerung eine Freude zu bereiten und neuen Pilatusfreunden die Vielfalt und Pracht des Luzerner Hausberges näherzubringen. Die Notizen erheben keineswegs Anspruch auf unbedingte Authentizität, vielmehr sind sie als Eindrücke und Geschichten zu verstehen, echt und gültig nur im Erlebnis dieses einzigartigen Berges: Ein nie versiegender Jungbrunnen, um den die Leuchtenstädter zu beneiden sind.

Dank schulde ich meiner Frau Doris, mit der ich die Leidenschaft für die Berge teile und die mich auf so manchen abenteuerlichen Fahrten begleitet hat. Ihre Geduld und ihr verständnisvolles Ausharren bei den vielen ungeplanten Skizzenhalten verdienen Bewunderung. Grosse Ermunterung und wertvolle Anregungen zu den Aufzeichnungen um den Pilatus erhielt ich von meinem Basler Freund und Philosophen Georg Huber. Schliesslich gilt mein Dank dem Verlag Neue Zürcher Zeitung und seinen Mitarbeitern, die sich mit Hingabe und grosser Fachkenntnis meiner Schrift über den Berg der Luzerner angenommen haben. Insbesondere hat Kurt Hauri als typographischer Gestalter sein ausserordentliches Einfühlungsvermögen erneut unter Beweis gestellt.

Im April 1980

Pilatus

Ein strahlender Februarsonntag 1979. Meine Frau und ich sind frühmorgens von Luzern aufgebrochen, mit dem Range Rover über Alpnach und dann auf der engen Franzosenstrasse das kleine Schlierental hinaufgefahren. Kurz nach dem Steinbruch im unteren Waldtobel des Meisibachs, nur wenige hundert Meter über dem Talboden, liegt der Schnee bereits schuhtief auf der Fahrbahn, so dass wir unseren Wagen parkieren und den Weiterweg auf den Skiern in Angriff nehmen. Der Skiaufstieg zum Pilatus ist nichts für Pistenjünger. Er ist streng und bei viel Schnee lang, weil dann der kürzere Sommerweg, der den steilen Hang im Lauitobel vor der Alp Fräkmünt quert, nicht begehbar

ist und der von Luzerner Idealisten vor vielen Jahren ausgeholzte Skiweg benützt werden muss. Doch die landschaftlichen Reize dieses einsamen Umweges durch enge, von Wildspuren durchzogene Waldpassagen entgelten für alle Mühsal eines längeren Aufstiegs. Vor der Fräkmünt wird die Sicht dann freier, der Wald lichtet sich zusehends, und nach der Laubalp am Südfuss des Tomlishorns finden sich nur noch vereinzelte Wettertannen, und wenig weiter oben bei den markanten Chilchsteinen sind auch sie verschwunden. Wir ziehen eine frische Spur in den lockeren, hier oben schon recht tiefen Pulverschnee und machen uns an die letzte Hürde, den steilen und hohen Kulmhang, der auf seiten des Oberhaupts schon in der Sonne gleisst. Auf Pilatus Kulm herrscht bereits reger Betrieb, denn die Luftseilbahn über die wilde Nordseite bringt auch im Winter viele Touristen aus aller Herren Ländern problemlos auf den Berg. Da stehen sie nun an der Schneebrüstung der Terrasse und blicken überrascht nach unten, wo sie uns im mühsamen Aufstieg verfolgen können. An ermunternden Zurufen fehlt es nicht. Unsere langgezogene Zickzackspur hat dem grossen Schneehang seine Unberührtheit genommen, und nach bald vier Stunden, seit wir die Skier angezogen haben, setzen wir den Fuss auf die ersehnte Kulmterrasse.

Welche Gegensätze auf wenige Meter Entfernung! Eben noch allein im tiefen Pulverschnee den letzten Steilhang meisternd, stehen wir nun mitten im Menschenrummel der sonnenüberfluteten Hotelterrasse, zwischen neugierigen pelzbewehrten Gästen aller Rassen. Sie können sich am Wunder der winter-

26/27. September 1971 auf Pilatuskulm. Nach einem schönen [...] des Pilatuskulm (Familie und Anhang) und geniessen ideale [...] der idyllischen Alpnacher Frackmusik. Das soll aus dem finster-

lichen Bergnatur kaum sattsehen und geniessen zugleich den ganzen Luxus der heutigen Technik. Auch wir sind froh, nach dem strengen Marsch ausruhen und die Vorteile des heimeligen Berghotels in Anspruch nehmen zu können. Herr und Frau Mohr, die rührigen Patrons der Kulmbetriebe, kommen uns begrüssen, denn wir sind ihnen altvertraute Gäste, und dies nicht nur bei gutem Wetter wie heute. Auch Herr Steininger, der sympathische Chef de Service, kümmert sich um unser Wohl und erkundigt sich in seinem unverkennbaren Wienerisch nach unseren Wünschen. Warum fragt er nur? Er sollte es ja wissen.

Es wird der Tee sein für meine Frau, der Halbliter Féchy für mich und das traditionelle Trockenfleisch, was wir bei ihm bestellen. Wir sind immer froh, dank der Freundschaft mit den Hotelleuten aus der Anonymität der Touristenschar herauszubrechen und unsere besondere Beziehung zum Berg auch hier bestätigt zu finden. Nun geniessen wir zwei herrliche Stunden auf der Sonnenterrasse, haben uns aber die Windjacken umgelegt, denn die Strahlungswärme ist trügerisch. Trockene Schneereste an den Schattenstellen der Terrasse deuten darauf hin, dass es eben ohne Sonne doch empfindlich kalt ist. Im Blick auf

Matthorn von den Kilchsteinen. am Pilatus. 10. Oktober
sind wir heute über die Lütholdsmatt und die Frä-
kmünd... zu den oberen Regionen. eine Menge...
... war es ein wundervoller Herbsttag mit
... in bester Kleide. Gibt es etwas schö-
... Ein kurzer Halt bei den Kilchsteinen
... hier die überarbeitete

1973. — Mit Claudia Sontheims und Cornell Steiner
mittels auf Pilatus-Kulm gestiegen. Ganz unerwartet
Inner, der uns im Aufstieg einige Mühe machte.
ein Alpenrots ohne gleichen. Der Pilatus zeigte sich
als der heran nahenden Winter auf diese Weise
ließ mir Zeit, das Matterhorn schnell im Skizzen-
sion auf dem grösseren Blatt.

den gleissenden Alpenkranz, der gletscherüberdachte formschöne Titlis im Mittelpunkt, beginne ich zu sinnieren, und ich erlebe den Pilatus für Augenblicke in seiner ganzen schicksalhaften Mächtigkeit. Es ist, als ob sich mein Leben um nichts anderes drehte als um diesen grossartigen Berg. In jenen seltenen Momenten lässt einen das Gebirge die vollkommene körperliche und geistige Ausgeglichenheit, das phänomenale Aufgehen in der Natur, fast traumhaft spüren. Allerdings zu kurz nur, um nachher das Spannungsfeld des ewigen Widerspruchs nicht um so heftiger aufzuladen.

Mittlerweile haben auch die zahlreichen Bergdohlen realisiert, dass es heute Festtag ist. Den böigen Wind geschickt im Segelflug nutzend, umschwärmen die gelbschnabligen schwarzen Biester zu Hunderten die Kulmterrasse, um hier und dort von Tischen und Stühlen oder auch am Boden einen Leckerbissen zu erhaschen. Den Einheimischen und dem Hotelpersonal ist die aufdringliche und streitsüchtig krächzende Vogelschar eher lästig, während die Touristen die zutraulich gewordenen Vögel mit sichtlichem Vergnügen zu füttern pflegen. Da plötzlich flattert der ganze Schwarm wie eine schwarze Wolke auf, um sich nur hundert Meter weiter vorne, nahe der Bahnstation, auf der Terrassenbrüstung um einen auffälligen Berggänger mit Schottenmütze und Lederrucksack niederzulassen. Die Vögel haben Edwin Benz gesichtet, den Dohlenvater aus Kriens, der sich seit Jahren mit grosser Hingabe und Fachkenntnis dem Studium und der Pflege der Bergdohlen auf dem Pilatus annimmt. Sein dortiges Auftauchen bringt sofort Bewegung in die aufmerksam nach Futter spähenden Dohlen, und im Nu ist er von ihnen umringt und im schwarzen Gewirr kaum mehr auszumachen. Die Dohlen kennen ihn sehr wohl, fressen ihm aus der Hand, und irgendwie hat man den Eindruck, als ob sie mit ihrem Betreuer schwatzen würden. Eine besondere Zuneigung hatte der Dohlenvater für einen auffälligen Vogel, den er mit dem Namen «Schlunggi» rief und dessen rechtes Bein infolge einer Verletzung total verkümmert war. Diese Dohle wurde des-

halb von ihren Artgenossen stets verdrängt, und sie wäre wohl im natürlichen Ausscheidungsprozess auf klägliche Weise vorzeitig verendet, hätte sich ihrer der Dohlenvater nicht mit grosser Liebe angenommen. Mehr als ein Dutzend Jahre hat die einbeinige «Schlunggi» dank ihrem Betreuer durchgehalten und so ein für Bergdohlen ganz ungewohntes Alter erreicht. Im Sommer 1977 sind wir ihr zum letzten Mal begegnet.

Den verwöhnten Hotelgästen, die in der wärmenden Sonne an der windgeschützten Hauswand ihren Lunch verzehren, können die schwarzen Biester mitunter zum Verhängnis werden. Hin und wieder fällt es nämlich einer besonders dreisten Dohle ein, hoch über den Gästen von der Fensterbrüstung aus ihre Sache zu verrichten. Dann ist die Katastrophe für die unten speisenden Touristen nicht mehr aufzuhalten. Grosse Entrüstung und Beschwerde beim Service: Die Kellner schreiten sofort und mit drohenden Gesten zum Grossangriff auf die lästigen Vögel, und für die nächsten zehn Minuten ist keines der frechen Biester mehr zu sehen.

Der Dohlenvater hat mir übrigens erzählt, dass seine schwarzen, sich stets in grossen Scharen zusammenfindenden Freunde ihren Standort tagsüber mehrmals zu wechseln pflegen und sich zwischen Malters, Schwarzenberg und Kulm bewegen.

Er habe dies zu seiner eigenen Überraschung festgestellt, als er eines Tages in seinem gewohnten Bergtenue, die abgegriffene Schottenmütze auf dem Kopf und mit dem Ledersack am Rükken durch Malters gewandert sei und ihn plötzlich eine Riesenschar von Bergdohlen umschwärmt habe. Neben einigen zur Kontrolle beringten Exemplaren vom Pilatus sei natürlich auch die einbeinige «Schlunggi» dabeigewesen. – Heute, wenn Vater Benz auf Kulm erscheint, schauen die Kellner des Berghotels besorgt nach oben, denn es dauert dann nicht mehr lange, so sind Geländer, Stühle und Tische voll der ungebetenen schwarzen Gäste. Dem zum Trotz, die Dohlen gehören zum Pilatus wie die Möwen zur Luzerner Seebucht, und blieben sie aus, so würde jedermann nach ihnen fragen. So ist es wohl im Leben, erst im Mangel erfährt man den Verlust.

Der Neubau

Durch das Fenster unserer Wohnstube im sechsten Stock des Hauses «Zum Weggen» an der Winkelriedstrasse 56 in Luzern hatten wir einen freien Blick auf den Pilatus bis hinunter auf die mit Matten durchsetzten dichten Wälder über dem Krienser Schlössli. Die Sicht auf den Berg aus dem an sich freudlosen Miethaus hatte etwas Unausweichliches an sich. Ohne als Kinder das Einzigartige der für eine zinsgünstige Arbeiterwohnung

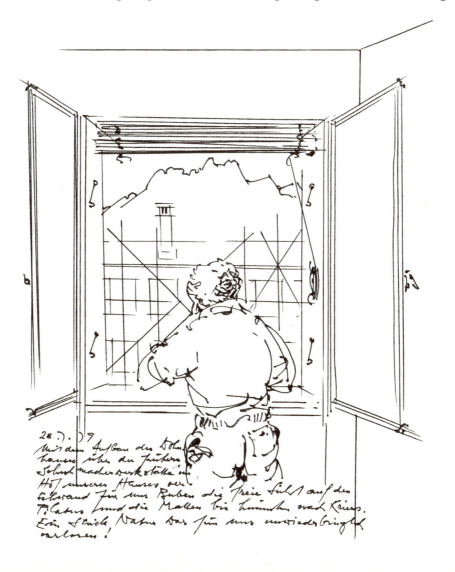

Im Sand – Kastanienbaum – 12. April 1969. In Ermangelung von Feder und Pinsel kommt der alte Bleistift wieder zu Ehren. Und da zeigt dieses bescheidene Instrument das ganze Spektrum seiner Möglichkeiten. Ich frage mich, warum ich mich auf andere Medien kaprizier, wo doch das einfachste, so grosse Differenzierung erlaubt? Die Skizzenbüchlein von Anker, Dick, ja selbst von Holbein zeigen den Weg deutlich genug. Vielleicht wandelt sich der Charakter dieses Büchleins nun auch – warum auch nicht?

ganz ungewöhnlichen Aussicht zu begreifen, wuchsen wir mit ihr auf und verbanden uns unbewusst aufs engste mit dieser uns zugänglichen Natur. Der Pilatus gehörte uns, wir hatten ihn in der bescheidenen Wohnung, und wir fühlten uns frei und reich mit ihm. Kein Wunder, dass uns der Berg auch schon früh zur Besteigung lockte, auf den verschiedensten Wegen und zu allen Jahreszeiten. Zunächst mit Vater und Mutter, dann aber bald allein mit Schulkameraden und älteren Freunden aus dem Kreise der Naturfreunde und der Junioren im Alpenclub. Vater und Mutter hatten für uns jüngste der acht Kinder bald den

Höhepunkt ihrer physischen Leistungsfähigkeit überschritten, sie gingen uns zu langsam und zu umständlich, auch hatten sie weder Gelegenheit noch Mittel gehabt, um das Skifahren zu lernen. Die Emanzipation von den Eltern für ein unbeschwertes Streifen durch die Wälder und über die Alpweiden rund um den Pilatus vollzog sich so ganz natürlich, und wo immer nötig übernahmen die älteren Geschwister die Rolle von Vater und Mutter, und das nicht nur für das Bergsteigen, sondern auch in viel wichtigeren Bereichen, wie der Erziehung, der Schule und der Pflege des Freundenskreises.

Die freie Sicht aus dem Stubenfenster auf den Pilatus, die uns so viel bedeutete und die wir Kinder als selbstverständlich und unabdingbar empfanden, war aber vor den Auswirkungen einer immer intensiveren Nutzung städtischen Bodens nicht gefeit. Bis dahin hatten wir das Glück, dass das gegen den Pilatus gelegene, nachbarliche Hofgrundstück am Kauffmannweg nur mit einer niederen Werkstattbaute, der Schuhmachereiwerkstätte des Konsumvereins, belegt war und auch die weiter entfernten Häuserreihen aus relativ niedrigen Bauten bestanden. Auf der Höhe unseres sechsten Stockwerkes und mehr noch auf dem Dach des Hauses genossen wir so eine praktisch uneingeschränkte Sicht auf den Hausberg. Dem allem bereitete die Aufstockung der Werkstattbaute im Hof ein Ende. Erstmals und

22. März 1970 - Auf Birchboden am Pilatus.

mit erschütternder Unmittelbarkeit erfuhren wir Kinder die Ohnmacht des Mieters gegenüber dem seine gesetzlichen Rechte ausübenden Grundeigentümer. Dieser selbst, paradoxerweise eine sozialistisch orientierte Konsumgenossenschaft, entschloss sich zum Aufbau der Hofliegenschaft zwecks Nutzung der über der Schuhmacherwerkstätte möglichen Stockwerke für neue Wohnungen. Mit Angst und Bangen sahen wir den Neubau Meter um Meter in die Höhe wachsen. Zwar bot uns Kindern die Beobachtung der Arbeiten aus den Stubenfenstern zunächst eine interessante Unterhaltung, doch wandelte sich diese in Abscheu und bittere Enttäuschung, als sich der Bau der Höhe unseres Stockwerkes näherte. Schliesslich, mit der fertigen Dachaufbaute, war unser geliebter Pilatus gut zur Hälfte ver-

Ob der Laubalp am Pilatus. 2. Mai 1970. Wer hätte so etwas für möglich gehalten: anfangs Mai in stiebendem Pulverschnee - Abfahrt vom Pilatus nach der Laubalp über Alpnachstad! Andreas, Christoph und ich zogen am 1. Mai auf den Pilatus, in der Hoffnung, etwas Sonne zu erhaschen. Noch am späten Nachmittag nahmen wir die Abfahrt nach der Fräkmuntalp unter die Bretter und erfreuten uns des Wiederaufstiegs in der abendlichen Sonne. Über die Nacht brach der Winter noch einmal mit voller Stärke herein und am Morgen lag ein halber Meter Pulverschnee auf unseren gestrigen Spuren. Das gab eine phantastisch-herrliche Fahrt nach der Laubalp und im Wiederaufstieg entdeckten wir die eigenartige Felsbrücke am steilen Hang des Widderfelds, die wir das "Drachenloch" nannten, nachdem wir abends vorher über die drollige Sage des unglücklichen Sennen uns unterhalten hatten und im Kulm Hotel die lustige Illustration des Vorkommnisses an einem kleinen Tafelbild bestaunten. - Am Abend waren alle Geschwister Erni (leider ohne Maja, das sich den Kropf herausschneiden musste) mit ihren Ehegespanen bei Walti im Verkehrshaus zu Gast. Zu seinem 50. Geburtstag veranstaltete er mit Hilfe von Direktor Waldis ein unvergessliches Fest!

schwunden. Ein Stück von uns selbst, ein Element unserer Jugend, war unwiederbringlich für immer zerstört. Es war, als wäre jemand auf unserer Etage gestorben. Wir wussten nicht recht, wen dafür anzuklagen, dass uns die vertraute Aussicht genommen und wir uns mit der freigebliebenen oberen Hälfte des Pilatus zufriedengeben sollten. Ein immenses Unrecht schien uns angetan, und unser Verhältnis zur Umwelt wurde empfindlich gestört. Fortan waren wir gezwungen, auf die Dachterrasse zu steigen, wenn wir uns nach dem ersten Schneefall Ende Oktober oder Anfang November vergewissern wollten, ob die

Die Felsbrücke am Steilhang des Widderfeld: das "Drachenloch".

Matten bis hinab nach Kriens schon eine genügende Schneedecke trugen.

Im bescheidenen Wohnquartier der oberen Winkelriedstrasse hatte ich immer guten Kontakt mit den Leuten aus den umliegenden Häuserblöcken, vor allem natürlich mit gleichaltrigen Buben und Mädchen, die in der Regel alle mit Leib und Seele dem Pilatus und ganz allgemein den Innerschweizer Voralpen zugetan waren. Der Bergsport war in den zwanziger und dreissiger Jahren das beliebteste und verbreitetste Vergnügen der Luzerner Jugend, es kostete wenig, eigentlich nur Schweiss, und brachte uns grösste Befriedigung mit vielen unvergesslichen Erlebnissen. Leider büssten auch einige hoffnungsvolle junge Menschen ihre allzu grosse Verwegenheit beim Klettern mit dem Leben, oder sie fanden im Winter in den Lawinen den Tod. Liebste Kameraden aus meinem Freundeskreis zählen zu ihnen. Während meiner Studentenzeit verbanden mich gleichgeartete Interessen mit dem um etliche Jahre älteren Luzerner Silberschmied Felix Marx. Er betrieb am oberen Kauffmannweg, kaum hundert Meter reusswärts von dem üblen Konsumneubau ent-

14. Januar 1978. Ein Prachtstag auf Pilatus-Kulm. Hoch über dem Nebelmeer und vis à vis eines imposanten Föhnmauer über der Alpenkette. Skiabfahrt bis nach Alpnach oben

fernt, sein Atelier und war eine abenteuerliche Figur, nicht immer bequem im Umgang, aufbrausend, jedoch in seinem Fach ein grosser Meister. In den Jahren vor dem Zweiten Weltkrieg zählte er in der Schweiz zur alpinistischen Elite, zusammen mit den Genfern Dittert, Lambert und Roche, mit denen er aus seinen Genfer Jahren eng befreundet war. Mit Filax, wie wir ihn unter Freunden riefen, unternahm ich manche anspruchsvolle Kletterfahrt, vorab in den von Luzern aus leicht erreichbaren Engelhörnern, oder dann unvergessliche Skitouren, so mehrmals auf das Wetterhorn mit dem obligaten Höhlenbiwak an der grossen Moräne unterhalb des Rosenlauigletschers. An Regensonntagen nahmen wir jeweils vorlieb mit dem Pilatusgebiet. Manche kurzweilige Stunde verbrachte ich mit ihm in seinem engen, mit

Blick von der Musenalp (ob Maria-Rickenbach) in Berner Hochalpen. 18. Juni 1972. Ein prachtvoller Sonntag in die Musenalp und den Bleikigrat. Mit Lois und Michael genossen wir einen einzigartigen Frühsommertag mit einer unbeschreiblichen Blumenpracht, besonders in den höhern Regionen. Die Sicht auf Eiger, Mönch und die Wetterhörner erinnerte lebhaft an frühere Fahrten auf diese Spitzen.

hundert Sachen verstellten Atelier. Während wir die Tour für das nächste Wochenende besprachen, behämmerte Filax mit grosser Sorgfalt die silbernen Platten, Schalen und Gefässe und gab ihnen die unverkennbar feine, nur mit Handarbeit erreichbare schillernde Oberfläche. Mitunter hatte er einen grossen Messekelch in Arbeit, den ihm die Kirchgemeinde zur kunsthandwerklichen Fertigung anvertraute. Das verleitete uns dann zu gewagten Spekulationen über Gott, Tod und Teufel, die dem Auftraggeber besser vorenthalten blieben. Das künstlerische Talent hatte Filax von seinem Vater, der als überaus geschätzter Zeichenlehrer an den städtischen Sekundarschulen wirkte und

eine äusserst markante Persönlichkeit war. Schon durch seine hohe Gestalt und den auffällig weissen Spitzbart flösste er Respekt ein. Mehrere meiner Geschwister haben bei ihm Unterricht genossen, haben von ihm das wache und sorgfältige Beobachten gelernt und die Lust zum Zeichnen und Malen auf den Lebensweg mitbekommen.

    Nach dem Tod seiner ersten Frau wanderte Filax nach Peru aus, wo er auf ungewöhnliche Weise den noch jungfräulichen, über 6000 Meter hohen Eisgipfel des Salcantay mit einem Schweizer Kollegen bezwang, und das nur wenige Tage bevor der Gipfel von einer französisch-amerikanischen Expedition bestiegen wurde, die ihren Sieg in der Weltpresse anmassend als Erstbesteigung proklamierte. Äusserlich kaum verändert, mit der alten Frische und Unternehmungslust, kehrte Filax vor wenigen Jahren nach Luzern zurück, an Erfahrung und Wissen um vieles reicher, doch ohne wegen der wirtschaftlichen und politischen Entwicklung in Peru materiell allzuviel dazu gewonnen zu haben. Erst vor kurzem, am letzten Februarsonntag vorigen Jahres, haben wir dem Pilatus mit den Skiern einen Besuch abgestattet und dabei so richtig in alten Erinnerungen geschwelgt.

Die vier Gesichter

Legt man ein Kreuz parallel zu den vier Himmelsrichtungen auf das Kartenbild des Pilatus, den Esel im Zentrum, so ist erstaunlich, wie jede Richtung – Nord, Süd, Ost und West – eine durch ihre Eigenart deutlich ausgezeichnete Seite des Berges markiert. Dem Pilatusgänger sind diese vier so verschiedenen Gesichter bestens vertraut, und er weiss, wo er sich zu welcher Jahreszeit einfinden muss, um die natürliche Schönheit der

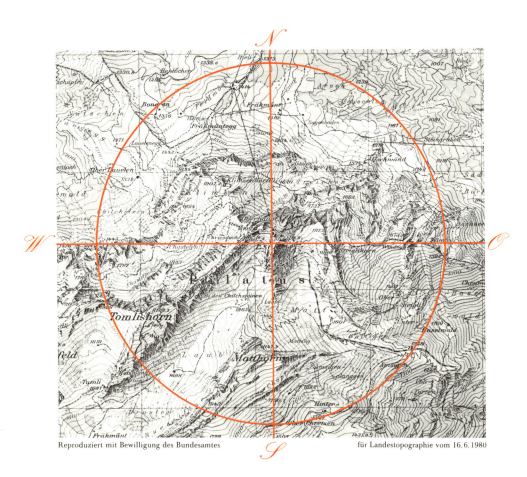

Reproduziert mit Bewilligung des Bundesamtes für Landestopographie vom 16.6.1980

ringsum steil abfallenden Flanken in voller Entfaltung zu finden. Im Hochsommer wird er die Nordseite vorziehen, die ihm einen schattigen und kühlen Anstieg ermöglicht. Dabei hat er die Wahl zwischen dem abwechslungsreichen Pfad durch die Schlucht des Heitertannlis, dem etwas exponierteren Felsweg über das Band oder dem eher mühsamen Aufstieg durch die grosse Geröllhalde des Nauens, ausgehend von der Fräkmünt über das Gsäss oder direkt von der Alp Gschwänd. Alle Routen treffen bei der schlichten, kürzlich renovierten Bergkapelle unter dem Klimsenhorn zusammen. Von dort zieht sich dann

ein angenehmer Zickzackweg hinauf zum Chriesiloch, ein kurzer steiler Felstunnel, durch den man, auf der Südseite des Oberhaupts austretend, die sonnenüberflutete Kulmterrasse gewinnt. Eine völlig andere Welt! So angenehm die Pfade der Nordflanke an heissen Sommertagen zu begehen sind, so unwirtlich und abweisend zeigen sie sich bei schlechtem Wetter, und sobald sich im Spätherbst der erste Schnee auf Fels- und Grasbänder legt, ist diese Seite des Berges für den gewöhnlichen Gänger nicht mehr zu empfehlen. Das hindert jüngere Kletterer jedoch nicht, den Aufstieg auch unter winterlichen

Bedingungen mit Pickel und Steigeisen als hochalpine Trainingstour zu unternehmen – für die in der Kabine der Luftseilbahn zusammengedrängten Touristen hoch über den Felsabstürzen des Klimsenhorns jeweils ein aufregendes und heftig diskutiertes Schauspiel. Die kühne Luftseilbahn von Fräkmünt auf Kulm hat den Pilatus seit 1956 auch im Winter für alle Leute erschlossen, und mancher Luzerner Naturfreund und Berggänger mag der verlorenen winterlichen Einsamkeit auf Kulm nachtrauern, bis er schliesslich selbst die herrliche Sicht auf den tiefverschneiten Alpenkranz nur noch dank dieser technischen Errungenschaft geniessen kann. So ist alles relativ im Leben.

Doch nun genug des kühlen Schattens. Alle Aufstiege von der Südseite sind herrlichste Wanderungen vor allem im ausgehenden Frühling oder im Herbst, wenn uns Sonne und Wärme nicht ungelegen kommen. Die ausgedehnten, allerdings recht steilen Wälder unmittelbar über dem hinteren Alpnachersee lichten sich weiter oben zu den saftigen sonnenexponierten Grashängen des kleinen Schlierentals – wegen der dort vorherrschenden starken Thermik ein Eldorado der Segelflieger. Die schönen Alpen der Lütoldsmatt, Melchegg, Deneten, Ruessi,

Chretzen, Aemsigen und Matt reihen sich wie ein bunter Kranz einladender Rastorte um das dem Pilatus südlich vorgelagerte Matthorn. Sie alle sind willkommene Etappen auf halber Höhe der vielen und keine Probleme bietenden Anstiege von Süden, ausgehend von der Ebene am oberen Ende des Alpnachersees. Was aber alle Wege dieser Bergseite auszeichnet, ist die überaus reichhaltige Flora, die insbesondere Anfang Juni jeden Naturfreund faszinieren muss. Auch dem weniger sportlichen Touristen bietet die Sonnenseite des Berges interessante Möglichkeiten. So kann er auf einer guten Fahrstrasse, den sogenannten Franzosenweg entlang, mit dem Auto ins kleine Schlierental fahren und auf Lütoldsmatt parkieren, um von da in guten zwei Stunden auf bequemem Pfad den Kulm zu erreichen, oder er benutzt die Zahnradbahn ab Alpnachstad, eine Bergfahrt, die bei schönem Wetter im ganzen Alpengebiet wohl ihresgleichen sucht.

Ihre besonderen Reize entfaltet aber die Südseite im Winter, denn sie bietet die einzige Aufstiegsmöglichkeit mit Skis. In monatelanger harter Fronarbeit haben einige Idealisten aus dem Kreise des Alpenclubs und des Skiclubs Luzern einen lawinensicheren Skiaufstieg über die Alp Deneten nach der Fräkmünt ausgeholzt und markiert. Seither wird diese Route von den bergbegeisterten Skifahrern regelmässig begangen, obschon sie im Hochwinter, wenn die Schneedecke bis an den See hinunterreicht, einen vier- bis fünfstündigen, ziemlich strengen Aufstieg erfordert, insbesondere wenn frühmorgens die erste Spur zu zie-

Am Rotzloch, 5. August 1969. Die Exkursionen mit unserem neu renovierten Boot bringen uns in alle Ecken des Sees und in letzter Zeit besonders in den Alpnacher Zipfel, der entlang des Rotzberges noch herrlich unberührte Steilufer hat. Da sind die schönen, silbernen Fischreiher noch fidel und munter auf der Jagd, trotz des Fluglärms vom nahen Flugplatz.

hen ist. Bei ganz sicheren Verhältnissen und im Frühling, wenn der Schnee am Morgen hart gefroren ist, sind kürzere Varianten über die Aemsigen oder das Lauitobel möglich. Der winterliche Aufstieg auf Kulm ist bei jedem Wetter ein ungewöhnliches Naturerlebnis, an der Waldgrenze nicht selten bereichert durch überraschende Begegnungen mit Steinwild, Gemsen und kleinerem Getier.

Nach Osten, um uns dem dritten Gesicht zuzuwenden, fällt der Luzerner Hausberg in jähen, von steilen grasigen Flühen unterbrochenen Felsbändern ab. Aussichtsmässig ist das die wohl

eindrücklichste Flanke des Berges, denn sie lässt den Blick weit offen auf den imposanten Trichter und die verschiedenen Arme des Vierwaldstättersees. Der überaus exponierte Pfad durch das Hängefeld nach der Rosegg, im Volksmund auch fälschlich Tellenpfad genannt, zieht sich vom Nauen her um das abschüssige Felsbollwerk des Esels; er ist leider schlecht unterhalten und wird darum kaum mehr begangen. Im Herbst sind diese steilen Matten beliebte Futterplätze des die zugänglicheren Flanken meidenden Steinwilds. Eine schöne Tradition halten einige Hergiswiler Bergfreunde aufrecht, indem sie jeweils am Abend des

1. August nach eingebrochener Dunkelheit das Hängefeld mit einem riesigen Fackelkreuz zieren, das von der Bevölkerung der Stadt Luzern und ihrer Umgebung bei klarer Nacht immer mit grosser Begeisterung wahrgenommen wird. Eindrücklich dann, wenn sich das Dutzend geübter Berggänger, jeder eine brennende Fackel in der Hand, nach getaner Arbeit wie ein Glühwurm langsam die felsdurchsetzten Bänder nach der Alp Gschwänd hinunterschlängelt.

In westlicher Richtung, um mit dem vierten Gesicht die Betrachtung abzuschliessen, zieht sich der lange Felsgrat vom Oberhaupt zum Tomlishorn, mit 2128 m die höchste Erhebung in der Pilatuskette, über das Widderfeld zum Mittaggüpfli, eine

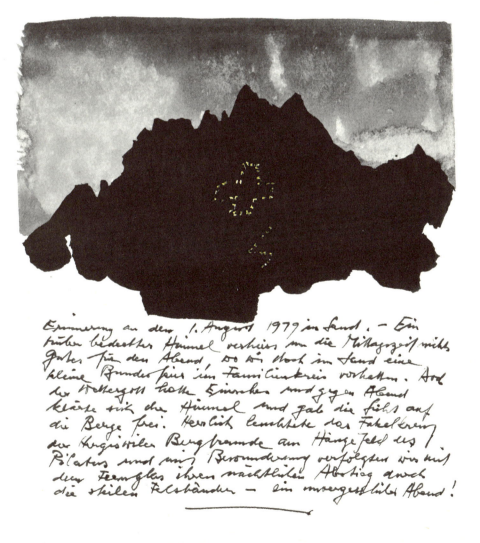

Unter allen vielen Steigen, die auf die luftige Höhe
führten, Nordwand die eindrucksvollsten. Seit uns
fordert, im Frühling, wenn der Schnee sie noch
das Eis' bricht die Katzen fällt. Immer ist e
steigen und nach dem schattigen Aufstieg von
das in der Sonne duftende Berggras zu sieh

s Tomlishorn führen, sind jene dunkel schattige
unberührten Jugend in Lagern haben sie uns heraus ge-
un begehrlich machte oder im Spätherbst, wenn
frohes Erleben, am Aufstieg über die Kante zu
warmen prallen Sonne geblendet zu werden und

Tomlishorn. 20. Oktober 1970

überaus dankbare und mühelose Gratwanderung vor allem an klaren Spätherbsttagen, wenn die Niederungen tief im Nebel stecken. Dann kann es vorkommen, dass Hunderte von Luzernern dieser einzigartigen Höhenwanderung frönen, um schliesslich über die Oberalp in steilem Waldabstieg das Eigental zu gewinnen. Mitunter hebt sich das Nebelmeer bis knapp unter die Grathöhe des Tomlishorns, nordseitig grau und düster, südseitig durch die wärmende Sonne in ständiger Auflösung begriffen. Das sind die atmosphärischen Bedingungen, unter denen der Gratwanderer das sagenumwobene Brockengespenst in aller

Eindringlichkeit erleben kann. Auf dem schmalen Grat stehend und mit der gleissenden schrägen Herbstsonne im Rücken schaut der überraschte Wanderer in den einzigartigen riesigen Farbkreis des Regenbogens, der sich vor der aufsteigenden Nebelwand der schattigen und kalten Nordseite abzeichnet und in dessen Mittelpunkt er seinen eigenen immens vergrösserten Schatten erkennt. Durch kreisende Bewegungen der Arme kann man Unruhe in das phantastische Spukbild bringen, und keiner kann sich der Faszination dieser eher seltenen Naturerscheinung entziehen. Nur zu gut begreifen wir dann, dass die gleiche gespensterhafte Projektion von den im Abstieg über die Hörnlischulter in arge Bedrängnis geratenen Erstbesteigern des Matterhorns als Fingerzeig Gottes gedeutet wurde.

In südwestlicher Richtung verläuft auch die winterliche Skiabfahrt. An klaren kalten Wintertagen wird der grosse Kulmhang schon vor Mittag mit einem Filigran kurzer Schwünge durchzogen, Spuren, die sich bei den Chilchsteinen sammeln und nachher im bunten Durcheinander über die Laubalp und das anschliessende Waldstück nach der Fräkmünt hinunterführen. Der freudvolle Genuss, den diese Abfahrt bietet, ist dann durch die Spuren wie in die Landschaft eingeschrieben. Vom Birchboden aus, den der Pilatusfahrer nach einem halbstündigen Gegenanstieg erreicht, kann er nochmals die ganze Abfahrt vom Kulm bis zur Fräkmünt überblicken, Grund genug, mit einem frohen Jauchzer den nachfolgenden Touristen seinen Vorsprung kundzutun.

Am klassischsten zeigt sich der Pilatus im pastelligen Abendlicht nach einem glanzvollen Tag, ob Winter oder Sommer.

Die Tomliwand

Der die ganze Pilatuskette an Höhe überragende Gipfel, das Tomlishorn, fällt gegen Norden in nahezu senkrechten Felsstürzen mehrere hundert Meter zum Chastelen Dossen ab. Durch die fast immer feuchte und finstere Wand zieht sich der alte Tomliweg, ein exponierter Pfad, neuerdings an kritischen Stellen durch Drahtseile gesichert. Eine heiklere Variante, ein richtiger Kletterweg, führt über die oberen Felsbänder und dann senkrecht durch ein Kamin direkt zum Gipfel. Mein Bergkamerad und Schulfreund Thedy Kloter und ich, beide fanatische Berg-

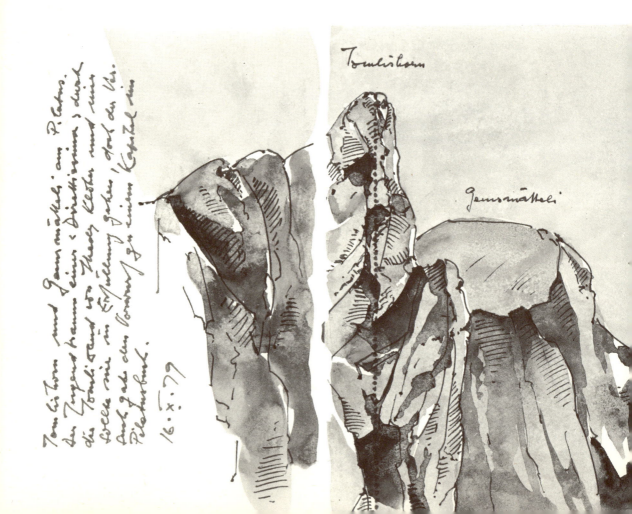

Heiterbannli, 8. Juni 1968. Noch mit vielem Schnee, dafür aber umso interessanter, bot sich heute der alte Tomliweg im Auf- und Abstieg dem Pilatus. Ein schnelles Porträt vom Kastelendossen, diesem imposanten Bollwerk vor dem Tomlishorn, soll mir die Erinnerung an die schöne Tour wachhalten.

steiger schon in jüngsten Jahren, hatten uns in den Kopf gesetzt, die zum Teil senkrechte Nordwand des Tomlishorns vom alten Tomliweg aus in der Fallinie zum Gipfel erstmals zu durchsteigen, ein Unternehmen, dem unser damaliges bergsteigerisches Können – wir waren kaum fünfzehn Jahre alt – sicher nicht gewachsen war. Trotzdem stiegen wir mit einigen gleichaltrigen Kameraden den alten Tomliweg hinan, entledigten uns der Bergschuhe und zogen die leichten Kletterfinken an, um die Wand in Angriff zu nehmen. Die schweren Bergschuhe und andere unnötige Ausrüstung übergaben wir unseren Begleitern, die das Horn auf dem normalen Weg bestiegen und die wir auf dem Gipfel wieder treffen wollten, so gross war unsere Zuversicht in den Sieg über die jungfräuliche Wand! Nun, wir seilten uns an, überwanden die ersten noch griffigen Platten ohne allzu grosse Schwierigkeiten, um auf ein sehr abschüssiges breites Geröllband zu gelangen. Vorsichtig arbeiteten wir uns in die Höhe bis unmittelbar unter die schwierigen, senkrecht aufstrebenden Felsen der oberen Wandhälfte. Alles schien zum besten bestellt. Da trat mein Seilgefährte unvermittelt eine grosse Felsplatte los und kam mit ihr ins Gleiten. Schreck durchfuhr meine Glieder, doch hatte ich Stand genug, um den Stürzenden zu bremsen und am gespannten Seil zu sichern. Die Felsplatte, zusammen mit einem Haufen losen Geröll, rutschte weiter, kam ins Kollern und polterte schliesslich als ansehnliche Steinlawine unter grossem Getöse die Wand hinunter und über das Trassee des alten Tomliwegs hinaus. Der in die Felsen eingesprengte Weg war unserer Sicht allerdings verdeckt, doch hörten wir unartikulierte Schreie und Flüche von unten, so dass wir uns fragen mussten, ob möglicherweise Berggänger in den Steinschlag geraten seien. Wir hielten uns jedenfalls eine ganze Weile still, getrauten kaum eine Bewegung, aus Angst, weitere Steine auszulösen. Nach einigen langen Minuten schien alles wieder ruhig, der Spuk war vorbei. Bald darauf sahen wir etwa ein halbes Dutzend ältere Berggänger im Ausstieg des alten Tomliwegs auf den Gipfelgrat und waren froh, dass die fallenden Steine offenbar niemanden verletzt hatten. Mit unserer Erstbesteigung aber war es fertig, uns drängte es nun nach unten und nicht mehr nach oben. Mit grösster Vorsicht und stets am Seil gesichert, kletterten wir zum Weg hinunter, den wir schliesslich heil und ohne weiteren Zwischenfall erreichten. Mit schlechtem Gewissen, entmutigt und enttäuscht über Missgeschick und Misserfolg, banden wir uns los. Gewandt schlug mein Freund das Bergseil in lockeren Schlingen über seine linke Schulter und unter dem rechten Arm hindurch, genau wie man es uns in den Kletterkursen gelernt hatte. Wir sprachen kaum zueinander, der

Vorfall war uns zuwider, und wir empfanden so etwas wie die Vorahnung einer grossen Schelte. Ohne Begeisterung, mehr der Not gehorchend, folgten wir dem Felsenweg zum Tomligrat.

Die Kameraden mit unseren Bergschuhen und den übrigen Sachen warteten auf dem Gipfel, wo inzwischen auch die Berggänger eingetroffen waren. Von unseren prahlenden Freunden erfuhren sie die Neuigkeit, dass zwei ihrer Kollegen im Begriffe seien, die Tomliwand in der Fallinie zu bezwingen. Damit hatten die Neuankömmlinge, es waren alles ältere Mitglieder des SAC Pilatus, auch die Erklärung für den bedrohlichen Steinschlag,

dem sie nur dank schneller Reaktion und mit etwelchem Glück entgangen waren. Sie schwuren, uns beiden eine Lektion zu erteilen und uns ähnliche Dummheiten für alle Zukunft auszutreiben. In dieser Absicht entschlossen sie sich für eine ausgiebige Rast auf dem Gipfel, konnten sie doch damit rechnen, dass wir früher oder später unsere Bergschuhe wieder benötigten. Doch auch mein Freund und ich hatten inzwischen Lunte gerochen. Vom alten Tomliweg auf den Gipfelgrat aussteigend, machten wir Halt und beschlossen, den Weggang der aufgeregten Veteranen hier einfach abzuwarten, bevor wir uns auf dem Gipfel sehen liessen. Unsere Kameraden, die uns vergeblich in der oberen Wandpartie zu erblicken hofften, begannen am Erfolg unseres Vorhabens langsam zu zweifeln, vermuteten, dass wir wohl unverrichteterdinge den Gipfel auf dem alten Pfad erreichen würden und fanden sich mit einem längeren Warten ab. Verpflegt und ausgeruht, hatten sich inzwischen auch die erbosten Veteranen einigermassen besänftigt. Die ungeplante Warterei wurde ihnen lästig, denn sie wollten noch auf Kulm, wo sie mit anderen verabredet waren. Schliesslich verpassten sie die Gardinenpredigt unseren Kameraden, und wir beobachteten aus sicherer Entfernung, wie sich der Trupp bald darauf Richtung Kulm in Bewegung setzte. Erst jetzt wagten wir uns an die

Blick auf die Berner Oberländer in strahlendem Sommerlicht. Über den Alpnacher Fräkenmünt am Pilatus. 26. Juli 1975.

Nach einer feinen leichten Kletterei mit Boris über den Südgrat des Tomlihorns.

letzten hundert Meter zum Gipfel, wo uns die allmählich verängstigten Kameraden erleichtert begrüssten, obschon uns der grosse Wurf gründlich misslungen war.

Wenn immer ich mit meiner Frau den alten Tomliweg unter die Füsse nehme, muss ich mich der Episode in der Wand erinnern, mit einem leisen Dank an das gütige Schicksal, das meinen Freund und mich vor einer möglichen Katastrophe bewahrte. Für ein paar Wochen war der Drang nach Erstbesteigungen bei uns jungen «Stürmi» jedenfalls gestillt, und wir frönten unserer Leidenschaft auf anderen, weniger verwegenen Steigen.

Der alte Tomliweg wird heute trotz der mit Drahtseilen gesicherten heiklen Stellen nicht mehr viel begangen; das ist eigentlich schade, denn kaum anderswo kommt der etwas düstere Charakter der nordseitigen Pilatusflanke gleichermassen zur Geltung, besonders wenn noch feuchtgraue Nebelschwaden die Sicht des Steigenden für Augenblicke auf wenige Meter reduzieren. Die Einsamkeit und Kühle der Nordflanke sind wohl die Gründe, weshalb diese Abschüsse in den Sommermonaten mit Vorliebe von der imposanten Steinwildkolonie aufgesucht

werden. Man hat das Steinwild vor etwa drei Jahrzehnten neu am Pilatus ausgesetzt, es waren meines Wissens Tiere aus dem Nationalpark, und die Kolonie hat sich seither prächtig entwickelt. So kann der aufmerksame Berggänger vom alten Tomliweg aus hin und wieder bis zu einem Dutzend kapitale Stücke beobachten, unter ihnen Böcke mit über meterlangen kühn geschweiften Hörnern. Oft balgen sich die Tiere aus blossem Spass und verkeilen dabei ihre langen Hörner ineinander. Das wechselseitige Aufschlagen der Hörner – es hört sich wie kollernde Steine im Geröll – ist weithin zu vernehmen. Jedes Tier sucht instinktiv seinen Gespanen in der steilen Flanke hangabwärts zu drängen, um seinen Schlägen grössere Wucht zu geben. Manchmal hebt sich ein mächtiger Bock mit drohend eingezogenem Kopf auf die Hinterbeine, um sich darauf mit seinem ganzen Gewicht auf das Gehörn des zurückweichenden Gegners fallen zu lassen. Das Ganze ist ein höchst unterhaltsames Schauspiel. Die Schonung der Tiere im Pilatusgebiet hat sie allerdings an den Menschen gewöhnt, und ihre Zutraulichkeit hat jetzt einen Grad erreicht, der jedenfalls für mich sehr viel vom ursprünglichen Erlebnis einer Begegnung mit Bergwild nimmt. Ganz anders ist das Verhalten der Gemsen, die auch in den Schongebieten den Menschen scheuen und sich der Annäherung durch wilde Flucht entziehen. Etwas Eindrücklicheres und Schöneres als ein fliehendes Gemsrudel im felsigen Gelände ist wohl kaum anzutreffen, im Pilatusgebiet heute schon eher eine Seltenheit. Mit Glück sind die lebhaften Tiere im Spätherbst etwa unter der Ostwand des Widderfelds auszumachen, wenn sie, aufgeschreckt von Kletterern am Südgrat des Tomlishorns, gegen den Birchboden fliehen.

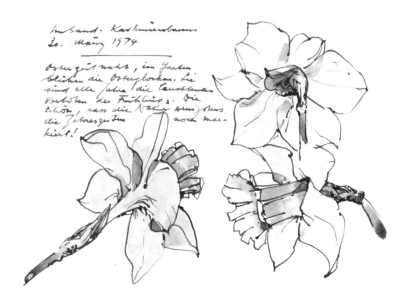

Der grosse Knall

Bevor im Jahre 1956 Pilatus Kulm durch die kühne Luftseilbahn über die felsige Nordseite erschlossen wurde, legte sich jeweils mit dem einbrechenden Winter die grosse Stille über den Berg. Das Trassee der südseitigen Zahnradbahn – es führt zunächst steil durch die Wälder und Tobel oberhalb Alpnachstad, dann an den Alpwiesen der Aemsigen vorbei und im oberen Teil der abschüssigen Eselwand entlang – wird bereits im Vor-

Pilatus 28.11.65: Ein herrlicher Dienstag im verschneiten Pilatusgebiet. Bei grosser Kälte aber schönstem Wetter machte ich heute den mühseligen Aufstieg von Alpnach über die Lauseten und Rossigflüh nach dem Kulm. Den ganzen Weg war ich allein und lediglich ein aufgescheuchtes Wild kreuzte hin und wieder meine Bahn. Erst oben nach den Kilchsteinen begegnete ich den ersten Skifahrern, die sich die Abfahrt etwas mühelosser mit der Luftseilbahn "erobert" hatten. Doch auch so ist die Pilatusfahrt mit allen Gegenanstiegen eine interessante und dankbare Tour, die gottlob immer noch wenigen bekannt ist. Auf Pilatus Kulm begegnete ich Kurt Sidler

mit seinen Kindern Erika und Peter, die inzwischen zu strammen Sportlern herangewachsen sind und uns von der alten Garde nichts mehr schuldig bleiben. Die Abfahrt über Birchboden und hinüber auf das Langenfeldmoos war ein seltener Genuss mit allem Wechselschnee, der nun einmal zum Pilatus gehört! Ein froher Jauchzer widerhallt an den kalkigen Wänden und stimmst mich ganz freudig.

Zwei Tage später war ich im Aufstieg am Grossen Sattelzug unter dem Matterhorn, als uns ein gewaltiger Knacke das lang- die Knochen einzufahren ließ. Zu unserem grossen Glück blieb es dabei. Doch uns eine Blick zum Andreas kam Schneebrett nichts ins Gleiten, mochten wir schon einmal Glück gehabt gehabt. 29.3.79

winter stellenweise durch Schnee blockiert, so dass der Bahnbetrieb jeweils Anfang November eingestellt werden muss. Das war die Wende, wenn unsere hohe Zeit begann, denn wir Buben hatten nun den Pilatus sozusagen für uns. Wer wollte schon zu Fuss den mühsamen Aufstieg bewältigen für eine Skiabfahrt, die ihrerseits nicht ohne Strapazen war. Aufstiegsmöglichkeiten mit Skis gab es mehrere, die einen kürzer, aber bei viel Schnee und im Hochwinter gefährlicher, die andern länger, dafür aber lawinensicher. Im jugendlichen Sturm und Drang bevorzugten wir in der Regel die riskanten kürzeren Varianten, denn es drängte uns zum Kulm, wo uns der urchige, immer gastfreundliche Winterwart Vonwyl mit sichtlicher Freude zu empfangen pflegte.

Der direkte Aufstieg über die Alp Aemsigen hatte zudem den Vorteil, dass wir im unteren Teil dem Bahntrassee folgen konnten, wobei wir die den steilen Zahnstrang begleitenden Stein- und Holztreppen benutzten und die kurzen russigen Felstunnels passierten. Diese ideale Aufstiegslinie – die Pilatusbahn ist bekanntlich die steilste Zahnradbahn der Alpen – erkauften wir so mit einer geisttötenden Trotterei über mehrere tausend Stufen, doch das tat unserer Vorfreude auf die herrliche Abfahrt keinerlei Abbruch, die Hauptsache, wir gewannen Zeit.

Nach Aemsigen, wo sich das Bahngeleise im tiefen Schnee der nun offenen und nur noch mit vereinzelten Wettertannen durchsetzten Nordflanke des Matthorns verliert, stapften Thedy Kloter und ich mit den Skiern eine frische Spur in den pulverigen Schnee. Es war am Sonntag, 10. Januar 1937. Der ausgedehnte Hang unter den drohenden Felsstürzen des Matthorngrates, im Sommer eine wüste Geröllflanke, zieht sich steil hinauf, um oben in die sogenannte Teufelskarrgasse, eine enge und abweisende Kalksteinschlucht, einzumünden. Dieser Hang ist der strengste Abschnitt des ganzen Skiaufstiegs, zudem auch der gefährlichste, denn hier lagern sich in der Regel grosse, von den heftigen Westwinden über den oberen Grat verwehte Schneemengen an. Auch heute, ohne dass es einer dem andern einge-

Mährenschlag-Alp unter Bischhoden an der Pilatus-südseite. 25. Dezember 1972

Was hätte dem Weihnachtstag besser entsprechen können als eine Wanderung ins sonnige Fellerental auf der Südseite des Pilatus? Eine herrlich warme Sonne in der trockenen Winterluft und so wenig Schnee, dass wir zu Fuss bis weit hinauf die Skiabfahrt steigen können. Die Weihnachtszeit hat sich in den letzten Jahren zu einer ausgesprochenen schneearmen und trocken-stabilen Periode entwickelt und man muss daraus das Beste machen. – Heute abend haben wir unser Weihnachtsfest im Land mit Grossmutter und einem guten Teil der Verwandtschaft, unser zwölf werden wir den feinen Hammel verzehren!

standen hätte, plagte uns beide das ungute Gefühl, die Sicherheit dem kürzeren Anstieg leichtfertig geopfert zu haben. Nur das anstrengende Spuren im frischen Schnee, eine Mühe, in die wir uns kameradschaftlich teilten, vertrieb die lästigen Gedanken, und wir näherten uns überraschend schnell dem von einer ansehnlichen Wächte versperrten Ausstieg zu den Chilchsteinen. Wir mochten uns etwa zweihundert Meter unter dieser Stelle befunden haben, als ein unheimlicher Knall, begleitet von einem kurzen zischenden Pfeifen, die Luft erfüllte und im grossen Schneehang eine Erschütterung auslöste, die wir als deutliches

Absenken der Schneemassen empfanden. Ein feiner Riss von weit über hundert Metern Länge hatte sich über uns, nur wenig unter den Felsbändern, blitzartig in die glatte Schneefläche eingezeichnet, und wir beide, vom Knall zu Tode erschrocken und für Augenblicke in allen Gliedern gelähmt, erfassten sofort das unwahrscheinliche Glück, einem fast ausgelösten, riesigen Schneebrett entgangen zu sein. Ohne weitere Worte, mit von Angst gezeichneten Gesichtern und den Schnee mit den Skiern fast schuldhaft liebkosend, überwanden wir das letzte Stück des Steilhangs, durchbrachen die Wächte mit Mühe und erholten uns erst wieder auf der sicheren Ebene bei den Chilchsteinen. Jeder dankte Gott auf seine Weise, dass uns das Schicksal einmal mehr von den Folgen sträflichen Leichtsinns behütet hatte. Wir wechselten kaum Worte im letzten Aufstieg zum Kulm.

Nach diesem unguten Vorfall waren wir froh, am Ende des vom Winterwart aus den windgepressten Schneemassen ausgehobenen Tunnels den Eingang zum alten, vor bald zwanzig Jahren abgebrannten Hotel Bellevue zu finden. Nach herzlicher Begrüssung durch Vater Vonwyl, seine Frau und die Kleinen in der warmen rauchigen Küche schlürften wir gierig die dicke Suppe, die, als ob für uns bestimmt, auf dem Herd zur Wärme stand. Mein Kamerad und ich wechselten verstohlene Blicke, als der Wart in väterlichem Tone meinte, wir hätten wohl den Herrgott herausgefordert mit unserem waghalsigen Aufstieg über die Aemsigen bei diesem vielen Neuschnee. Inzwischen

Die paar Brotkrümmel auf der Terrasse im Sand sind Anreiz genug, dass sich eine lustige Vogelgesellschaft um sie streitet. Amseln, Finken, Meisen, Rotkehlchen und natürlich einige freche Spatzen sind unsere Unterhaltung zum Morgenessen.

hatte er nämlich kurz Ausschau nach dem Wetter gehalten und dabei unsere Zickzackspur im Steilhang unter dem Matthorn entdeckt. Etwas kleinlaut nahmen wir diese Kritik zur Kenntnis, allein schon nach zwei Gläsern gegorenen Mosts – der Winterwart hatte davon immer einen grossen Vorrat – fühlten wir uns wieder besser und waren eigentlich recht stolz auf unseren morgendlichen Mut. Das ist das Vorrecht der Jugend.

Länger als gewöhnlich weilten wir diesmal zusammen mit dem Winterwart und seiner Familie. Die Skiabfahrt mit ihren zwei Anstiegen, zunächst auf den Birchboden und dann über das Längen Feldmoos im kleinen Schlierental, erwies sich zeitraubender als eigentlich erwartet, und es war bereits dunkel, als wir in Alpnach den Brünigzug nach Luzern bestiegen. Viel später als üblich fand ich mich zu Hause ein. Dort empfing mich meine Mutter in grösster Auflösung und Verzweiflung: Sie hatte eben über die Abendnachrichten des Radios vom grossen Lawinenunglück am Steinalper Jochli im Brisen erfahren, das sieben jungen Luzernern das Leben gekostet hatte. Ihre Namen waren noch nicht bekanntgegeben worden. Für meine Mutter war dies

16. September 1965 – Esel wand am Pilatus. Ein goldener Tag! Nach einem anstrengenden Tag in Fribourg mit Dr. Urs Brielt, nach einem herrlichen Abend vorher mit Nationalrat Torche, glaubte ich, einen der wenigen schönen Tage am Heutage stehlen zu müssen. Es hat sich gelohnt! Über den Bundweg und den alten Tomligweg stiegest auf den Pilatus und schnell von dem "Abgang" über den Tellenpfad musste ich die herrliche herbstliche Stimmung festhalten. Nach einem Sommer ohne Sonne geniesst man diese seltenen Tage doppelt. Wie ein Jungbrunnen wirkt diese Steigerei, ohne Hast, ohne Eile, ganz wie es einem gefällt.

*Lauialp am Pilatus – 17./18. April 1971
Wiederum fanden sich die Kollegen vom Tricouni-Club auf Pilatuskulm zum traditionellen Jahresfest zusammen: Teddy Kloter, Otti Meier, Lothar Toni, Willi Renk und Waesi Ottiger. Es fehlte nur Ruedi Beyeler, der sich auf einer Ferienreise befand. Eine grossartige Frühlingsabfahrt nach Lütoldsmatt bei schönstem Wetter entschädigte für den Aufstieg im trüben Nebel am Tag zuvor.*

einer der schlimmsten Abende, denn ich war noch nicht zu Hause, und sie wusste nicht genau, was für eine Tour ich mit meinem Freunde unternommen hatte. Üblicherweise entschieden wir uns erst am Morgen, je nach Wetter, auf der Anfahrt mit Bahn oder Schiff, und wir hätten deshalb ebensogut das Brisengebiet aufsuchen können, wo das schreckliche Unglück geschehen war. Die äusserste Besorgnis meiner Mutter liess mich den Knall nochmals erleben, und die Katastophe am Brisen offenbarte mir unser Glück an diesem unheilvollen Sonntag in der ganzen Tragweite. Wie es sich anderntags herausstellte,

Laufalp an der Pilatuswallfahrt
17. IV. 71

mussten mein Kamerad und ich unter den sieben Naturfreunden, die den Weissen Tod am Steinalper Jochli gefunden hatten, auch zwei gute Kollegen betrauern.

Dreiundreissig Jahre nach unserem Abenteuer sollte der grosse Schneehang unter dem Matthorn anderen zum Verhängnis werden. Es war am 20. April 1970 nach einem überaus schneereichen Winter, als eine Gruppe von etwa einem Dutzend einheimischer Bahnarbeiter damit beschäftigt war, das mehrere Meter tief im Schnee vergrabene Trassee der Bahn für die Pfingsttage freizulegen. Mitten in der Arbeit, die Kirchturmuhr in Alpnach mochte eben die zehnte Stunde geschlagen haben, wurden sie von einer gewaltigen Lawine überrascht und verschüttet. Fünf unter ihnen überlebten die Katastrophe nicht. Das war wohl einer der schwärzesten Tage am Pilatus. Nochmals wurde bei meinem Freund und mir eine ungute Erinnerung wach.

Tricouni

Bergsteigen, zu welcher Jahreszeit auch immer, war für uns Luzerner Buben das schönste und gleichzeitig auch das billigste Freizeitvergnügen. Es hing von wenigem ab, von der Liebe zur Natur und von der Freude an der Anstrengung, und beides kostete nichts. So zog es uns bereits in den frühen Schuljahren zum Alpenclub, der sich mit seiner Jugendorganisation in höchst verdienstvoller Weise der heranwachsenden bergbegeisterten Generation annahm. Das war nicht immer problemlos, denn wir Buben hatten wenig Verständnis für den Rat der Älteren und kannten nur ein Ziel, unser Können und unseren Mut im Fels

und Schnee unter Beweis zu stellen. Für uns etwa sieben Junioren genügten die Anforderungen, die der rührige, aber damals schon etwas ältliche Leiter der Jugendgruppe Jost Muheim zu setzen pflegte, nicht mehr, und wir schlossen uns zum Tricounibund zusammen, wo wir uns gegenseitig zu immer verwegeneren Bergabenteuern anspornten. Den Namen des Bundes stahlen wir von dem berühmten Bergschuhbeschlag «Tricouni», der Ende der zwanziger Jahre in den französischen Alpen entwickelt wurde und in kurzer Zeit die alten Kappennägel an den Schuhen verdrängte. Einen vernickelten Tricouninagel trugen wir sieben Sonderlinge stolz als Abzeichen unserer Gilde im Revers des Kittels oder am Pullover. Die Durchkletterung der Kringensüdwand in den Giswiler Bergen als Seilerster war quasi die technische Voraussetzung zur Aufnahme in den kleinen, aber exklusiven Kreis.

Natürlich bildeten die Grate und die Flühe rund um den Pilatus die bevorzugten Tummelfelder der Tricounis. Wir überboten uns gegenseitig in der Erschliessung von originellen und bisher kaum begangenen Kletterwegen, überschritten die abwechslungsreichen Felskanten des Matthorns, des Esels und des Widderfelds in immer kürzeren Zeiten und scheuten uns auch nicht vor den unangenehmeren, feuchten Anstiegen in der Nordflanke des Berges, so etwa des berüchtigten Kulmchrachens. Das regelmässige Gehen am Luzerner Hausberg gab uns eine erstaunlich gute Kondition, die uns bereits mit sechzehn und siebzehn Jahren erlaubte, das bergsteigerische Wirkungsfeld über die Zentralschweiz hinaus ins Berner Oberland und Wallis auszudehnen. Selbst vor den klassischen Routen über die Viertausender schreckten wir keineswegs zurück, wobei wir, führerlos natürlich, nicht selten zum Ärgernis anderer Partien wurden. Es brauchte schliesslich den glücklicherweise noch harmlos abgelaufenen Unfall am Dom von Otti Meier und Willy Renk und ein mit Mühe überstandenes Abenteuer von Lothar Thöni und mir am Matterhorn, um uns wieder einigermassen in vernünftige Schranken zu weisen. Der Leiter der lokalen SAC-Juniorenorga-

nisation verfolgte mit grössten Bedenken unser übermütiges Treiben, und an wiederholten Warnungen fehlte es nicht. Für die erfahreneren Mitglieder im Club waren wir verantwortungslose Draufgänger. Doch es gab auch einige ältere Alpinisten, wie Ernst Bachmann, Cici Birrer und Hans Zeier, die wir um ihr Können und ihre alpinen Kenntnisse beneideten und die uns stets mit wertvollen Ratschlägen zur Seite standen und uns

auch hin und wieder auf schwerere Touren mitnahmen. Für meine Eltern war der Tricounibund weiter nichts Aussergewöhnliches, ich hatte dort meine Kameraden, und an freien Tagen war ich beschäftigt und fiel dem bedrängten Haushalt nicht zur Last. Die Mutter billigte meine Leidenschaft, obwohl sie manche bange Stunde durchzustehen hatte, wenn wir von einer grösseren Kletterfahrt, in der Regel per Velo, erst spät nachts nach Hause kamen. Doch nie hörte ich aus ihrem Munde einen Vorwurf, im Gegenteil, sie freute sich insgeheim selbst meiner Bergerlebnisse im Kreise guter Freunde. Mein Vater,

meistens im Schiffsdienst auf dem Vierwaldstättersee für Tage von zu Hause fern, kümmerte sich kaum um unsere alpinen Abenteuer, er war zufrieden, wenn wir das Schulpensum ordentlich bewältigten.

Die Tricouninägel für Bergschuhe sind inzwischen längst verschwunden. Die Profilgummisohle «Vibram» hat sie aus dem Feld geschlagen, und neue, sehr leichte Steigeisen versehen den Dienst dort, wo die Profilsohle nicht mehr genügt. Mit der Entwicklung der Alpintechnik, im Fels wie im Eis, ging eine eindrückliche Verbesserung der bergsteigerischen Ausrüstung ein-

her. Wir geben uns heute kaum mehr Rechenschaft darüber, wieviel angenehmer und wieviel sicherer das Klettern auch für durchschnittliche Berggänger dank dieser technischen Hilfsmittel gegenüber früher geworden ist.

Gehört also der Tricouninagel der Vergangenheit an, so trifft das keineswegs für unseren kleinen Freundeskreis zu. Er hat den Zweiten Weltkrieg und alle die folgenden Jahrzehnte

überstanden, und wer steht auch heute noch in seinem Mittelpunkt: Der Pilatus! Am ersten Samstag nach Ostern eines jeden Jahres treffen sich jeweils alle Tricounis auf Pilatus Kulm, um im heimeligen Berghotel die alte Kameradschaft über einem reichen und von köstlichem Wein begleiteten Nachtessen aufzufrischen. In der Regel zeichnen sich die Konturen des östlichen Alpenkranzes bereits im morgendlichen Dämmerlichte ab, wenn

Am Pilatus · 5. Oktober 1977.
Ueber diesen Berg gibt es Bände
zu schreiben. Seit meiner frühen
Jugend bildet der Pilatus ein
immer neues Anziehungspunkt
und keine Macht der Technik
kann ihm den Reiz nehmen.
Nur so ist es erklärlich, dass
ich nie müde werde, den
Berg zu ersteigen, ob im Sommer
oder im Winter, ist aus viel
ohne Bedeutung. Seit der Winter-
erschliessung durch die Seilbahn ist die Skiabfahrt über
Kilchsteine und Birchboden
nach Alpnach kein Problem
mehr. Früher war sie nur
mit einem mehrstündigen
Anstieg zu bewältigen. Damals
war uns der Wirt mit
seiner Familie im alten Kulmhotel stets ein liebevoller Gast-
geber. In der Regel genossen wir
etwas viel von seinem gut
gegorenen Apfelmost, der uns
nicht selten etwas weiche Knie
für die Abfahrt verschaffte. Immer aber war die Pilatustour
mit treuen Bergkameraden ein
Erlebnis besonderer Art, vor allem
am Heiligen Abend, wenn wir
dem Bergwart ein kleines Tänn-

In den Kilchsteinen am Pilatus · 5. O

1977

den Hinaufsteigen. Es gab aber auch stürmische Tage, an denen wir nur unter grösster Mühe den Weg zum Kulm hinter uns brachten. Umso heimeliger waren dann die kurzen Stunden am warmen Herd in der Hotelküche. — Am Pilatus haben wir schliesslich als Knaben die Freude am Bergsteigen und am Klettern geholt. Sie ist uns bis ins Alter geblieben und nichts kann sie uns nehmen. Für einen kleinen Freundeskreis, dem Triconiklub, ist der Pilatus sogar ein symbolischer Mittelpunkt. Jeden Frühling treffen sich sechs oder sieben Triconis hinter oben auf Klimsen zu einem würdigen Nachtessen, jedes andere Jahr, auch mit den Ehefrauen, um die alte Bergkameradschaft zu feiern und das übers Jahr Erlebte auszutauschen. Stets wird es dann allmählich morgen, bis die letzten Sprüche verklungen und die Becher endgültig leer getrunken sind. Was gibt es schöneres auf dieser Welt, als eine kleine Gemeinschaft die etwas tüchtiges für einander fühlt?!

die letzten Zecher die Tafelrunde verlassen. Jedes zweite Jahr sind auch die Ehefrauen mit von der Partie, und dann geht es verständlicherweise etwas gesitteter zu. Frau Mohr, die gute Fee vom Pilatus Kulm, übertrifft sich jedesmal in ihrem Bemühen, uns das Fest durch eine feingedeckte Tafel sowie durch herrlich frischen Blumenschmuck zu verschönern, während ihr Gatte nicht zögert, uns die besten Weine seines Kellers zu empfehlen, denn, wie er meint, verstünden wir schliesslich etwas von dem, was wir tränken, und das sei leider lange nicht mehr bei allen Gästen der Fall.

Das Tricounifest auf Pilatus Kulm hat viele besondere Aspekte. Zunächst finden sich um die Osterzeit kaum andere Gäste, die die Nacht auf dem Berg verbringen, so dass unsere kleine Gesellschaft das Hotel und sein aufmerksames Personal sozusagen für sich in Anspruch nehmen kann. Dann kehrt am Abend, nach der letzten Talfahrt der Seilbahn, die grosse Ruhe ein, und bei klarem Wetter wird das langsame Verlöschen des Tages in der noch winterlichen Umgebung zum überwältigenden Schauspiel. Da stehen wir dann für kurze Minuten auf der Hotelterrasse und machen unsere Kommentare über die vielen Grate, Felswände und Schluchten, über die wir in jungen Jahren mit so viel Eifer geklettert sind und die wir heute schwerlich mehr bewältigen würden. Immerhin lassen es sich die Sportlicheren unter uns noch jetzt nicht nehmen, den Weg zum Kulm am Tag des Festes zu Fuss auf den Skiern zu bewerkstelligen. Die Vorfreude auf das abendliche Zusammensein im alten Freundeskreis ist nach dem strengen Aufstieg doppelt gross. Die Talfahrt anderntags ist dann allerdings nie ganz ohne Probleme, denn der wenige Schlaf und die ziemlich schweren Köpfe sind nicht ideale Voraussetzungen für das doch recht ruppige Gelände. Nach dem Tricounifest 1958 – ein besonders schneereicher Winter war ihm vorausgegangen – stiegen Thedy Kloter und ich durch das Chriesiloch und fuhren auf den Skiern im feinsten Sulzschnee über die wilde Nordseite nach der Fräkmünt zu Tale, eine abenteuerliche Abfahrt, die ich seither nie mehr wiederholen konnte.

Im Eigental

Der Pilatuskette nördlich vorgelagert ist das Eigental. Den älteren Luzernern ist dieses liebliche, vom Rümligbach durchzogene Bergtal besonders ans Herz gewachsen, denn dort stehen die städtischen Ferienhäuser, in denen sie als Primarschüler im Sommer für drei Wochen für wenig Geld versorgt wurden. Nicht alle haben nur gute Erinnerungen an diese Eigentaler Wochen, vor allem jene nicht, die im oberen Heim untergebracht waren, wo Lehrer Dali eine Art Schreckensregime führte. Am schlimmsten verfuhr er mit den gelegentlichen Bettnässern, von denen es natürlich in jeder Kolonie den einen oder andern gab. Die Bedauernswerten mussten dann schon zum Morgenessen mit ihren durchnässten Matratzen antreten und sie unter dem Hohngelächter und Gespött von uns anderen auf der Spielwiese zum Trocknen legen. Bei solchen Methoden kann es nicht erstaunen, wenn wir Lausbuben einem unbequemen Kameraden insgeheim das Bett mit Wasser nässten, um ihm am Morgen wehrlos der demütigenden Tortur des Heimvaters Dali ausgeliefert zu sehen. Trotzdem haben die meisten das Bergtal durch die vielen Wanderungen unter der kundigen Führung der jüngeren Lehrer kennengelernt und liebgewonnen. Verständlich darum, dass es uns

auch heute noch ins Tal hinaufzieht, zu jeder Jahreszeit und oft bei zweifelhaftem Wetter, wenn grössere Touren nicht ratsam scheinen.

Im Winter war das Eigental schon zu unserer Jugendzeit ein begehrter Tummelplatz der Luzerner. Mit dem Bau einer kleinen Übungsschanze sowie einer für die damaligen Verhältnisse grossen Sprungschanze brachte der Skiclub Luzern Leben ins Tal, und wiederholt wurden hier die nordischen Meisterschaften, die kombinierte Wertung von Langlauf und Sprunglauf, und der 50-km-Dauerlauf ausgetragen. Das war in den zwanziger und Anfang der dreissiger Jahre, der Blütezeit des winterlichen Eigentals, als die Luzerner «Unterländer» im schweizerischen Skirennsport tonangebend waren und nicht nur lokale Wettkämpfe dominierten, sondern die eidgenössischen Farben auch an internationalen Wettkämpfen vertraten. Interessant ist die Tatsache, dass die damals besten Läufer und Springer, so Paul Affentranger, Walter Bussmann, Hans Schwarzbach, Hans Zeier und als Junior mein Bruder Hans Erni, alle im Umkreis weniger Häuserblöcke an der Oberen Winkelriedstrasse wohnten. Ein überaus intensives Training in den spärlichen Stunden neben der täglichen Berufsausübung und an arbeitsfreien Tagen hielt die Gruppe zusammen, und noch heute erinnere ich mich mit Staunen der absoluten Hingabe, mit der diese echten Amateure ihrem Skisport frönten. Für uns Buben waren es Helden im wahrsten Sinne, und mit Ehrfurcht bewunderten und betasteten wir die offiziellen roten Rennpullover mit dem aufgestickten Schweizerkreuz, wenn sich der eine oder andere bei uns zu Hause einfand, und noch viel mehr schätzten wir natürlich die ausgedienten Skis, die wir jeweils erben konnten und die uns dann noch jahrelang beste Dienste leisteten. Eine grosse Attraktion bildeten damals die vom Skiclub veranstalteten volkstümlichen Jugendskirennen im Eigental. Zu Hunderten zogen wir Schüler ins Bergtal hinauf, um unsere Kräfte in verschiedenen Altersklassen zu messen. In der Regel waren mit kurzen Steigungen und Abfahrten durchsetzte Strek-

ken von wenigen Kilometern Länge abzulaufen und durchzustehen. Das Rennen begann für jede Klasse mit einem Massenstart, so dass sich zu Beginn immer ein grosses Gerangel anliess und sich die Spreu vom Weizen erst nach einigen hundert Metern trennte. Ich erinnere mich noch heute des Stolzes, der mich erfüllte, als ich an der abendlichen Preisverteilung im Restaurant Pilatusblick als ersten Preis meiner Altersklasse ein älteres vergilbtes Heft der «Alpen» aus den Händen von Cici

Alp Gumm unterhalb Regenfluelli
27. Februar 1980

Auf der Skiabfahrt vom Regenfluelli im prächtigsten Sulz mache ich Halt auf Alp Gumm, die noch winterlich geschlossen ist. Ihre Architektur ist typisch für das Pilatusgebiet mit der gegen die Talseite gebrochenen Dachkante. – Erstaunlich diese Einsamkeit so nahe der Stadt! Einen einzigen Skiwanderer habe ich im Gebiet gesehen, er schwelgte offenbar über zur Trockenmatt, ich habe ihn jedenfalls nicht abfahren gesehen. – Im Hotel Hammer habe ich nach beendeter Tour etwas Kleines gegessen. Noch immer ist die Loipe des Eigentals mit Langläufern belebt, in der Regel ältere Frauen und Männer, die den Wochentag freinehmen und das herrliche Wetter geniessen. Die Stadt liegt noch immer unter einer dicken Nebeldecke.

Birrer, dem rührigen Förderer der Luzerner Skijugend, entgegennehmen durfte. Ein Büchschen Steigwachs war es, mit dem meine Frau, damals noch ein junges Mädchen, für ihre Leistung ausgezeichnet wurde.

Langläufer leben länger, heisst die Parole, die dem edlen Sport auf den schmalen Brettern inzwischen auch in unseren Regionen zu einem ungeahnten Durchbruch und zu einer Volkstümlichkeit ohnegleichen verholfen hat. An kalten Wintertagen sind es Hunderte von laufbegeisterten Stadtluzernern, die die gut vorbereiteten Loipen im Eigental bevölkern. Da ist Platz für

die geruhsameren wie auch für die halb professionellen Läufer, und ein jeder geniesst das herrliche Gleiten in der gut gestampften Spur auf seine Art. Bei günstigen Schneeverhältnissen wird eine doppelt geführte Loipe dem Rümligbach entlang im kurzweiligen Auf und Ab durch offenes Gelände und lichten Wald über den Buechsteg und durch das Blattenloch bis hinauf zum Stafel gezogen, das sind gute fünf Kilometer einfachen Weges. Zurück gleitet es sich dank des leichten Gefälles rascher und bequemer, und halbwegs darf man die verdiente Rast in der Bergwirtschaft Unterlauelen nicht verpassen: Ein alter, den

Luzernern wohl bekannter Unterschlupf, der, weil auf Nidwaldner Boden gelegen, die Polizeistunde der Städter nicht kennt und darum manch fröhliches Fest zu beherbergen pflegt. Auch meine Frau und ich machen in der Regel halt in der heimeligen Wirtschaft, und wenn uns die Wirtin gar frische Metzgete anbietet, zögern wir keinen Augenblick mit der freudvollen Zusage. Diese Eigentaler Metzgete hat es nämlich an sich und ist in ihrer Delikatesse wohl kaum zu überbieten. Immerhin ist eine halbe Portion mehr als genug für unsere an leichtere Kost gewöhnte Mägen, und auch so haben wir noch reichlich Mühe, mit dem Aufgetischten – selbst die gekochten Holzäpfel fehlen nicht – fertig zu werden. Etwas schwerfällig und im offenen Widerspruch zu den eleganten schmalen Latten nehmen wir die flachere Loipe ins vordere Eigental in Angriff und sind in einer guten halben Stunde beim Range Rover. Die Freude über solch genussreiches Laufen im Eigental ist dann nachhaltig, und es drängt uns zur baldigen Wiederholung. Doch da tritt Meister Föhn dazwischen, ein in der Innerschweiz recht häufiger Gast, und macht der winterlichen Pracht ein Ende. Die Loipe wird schwer und nass, und wenn man kein Fachmann im Wachsen ist, wird der Langlauf eher zur Tortur. Unter solchen Verhältnissen greifen wir lieber zum Tourenski, dessen technische Perfektion heute ein genussreiches Fahren in praktisch allen Schneearten möglich macht, selbst die vom Föhn und Wärmeeinbruch aufgeweichte Schneedecke tut dem Vergnügen kaum Abbruch.

Doch zurück ins Eigental, zum Hotel Pilatusblick, einem heimeligen alten Holzbau, in dem wir mit unseren Kindern während der schulfreien Wochen im Sommer oder Herbst gerne in den Ferien weilten. Leider ist die Gegend vom Wetter nicht gerade begünstigt. An der Pilatuskette stauen sich die Wolken, und wer Regen nicht leiden mag, sollte sich anderswo erholen als im Eigental. Trotzdem hat der Ort seine eigene Faszination, wohl nicht nur wegen des in der Feuchte überschwenglichen Grüns der Wiesen und Wälder, sondern auch wegen des besonderen Schlags Leute, die das Tal bevölkern. Toni Hammer, der

1978 verstorbene Eigentümer und Wirt im Hotel Pilatusblick, gehörte zu jenen sympathischen Talleuten. Natürlich war er ein streitbarer Geselle, das sind die meisten hier oben – ich weiss nicht, ob das vom vielen Jassen kommt –, und seine tüchtige Frau hatte es nicht leicht mit ihm. Er war immer rasch entschlossen zum Guten und zum weniger Vorteilhaften und schwer von seiner Meinung abzubringen. Uns bleibt die heftige Auseinandersetzung lebendig in Erinnerung, die sich während unseres Aufenthaltes eines Abends auf dem Hotelvorplatz zwi-

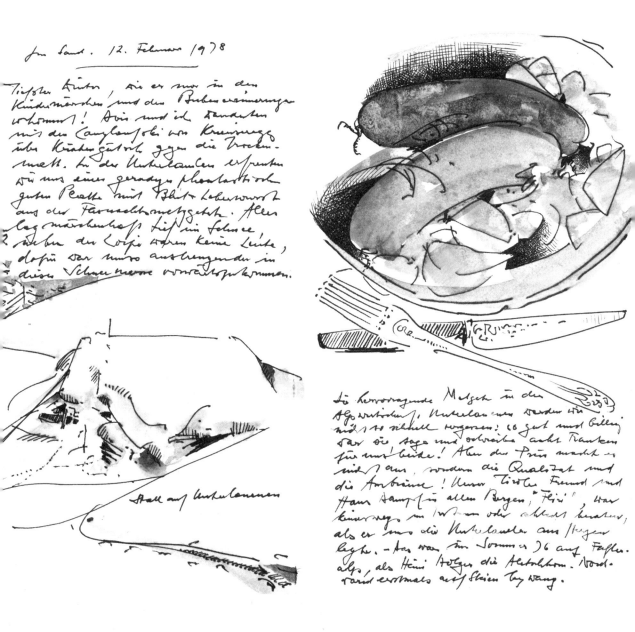

Im Eigental, 27. Oktober 1968. Die herrlichen Sonnentage dieses Herbstes über den trüben Niederungen tun nach dem nassen Sommer besonders gut. Auch heute zeigt sich das Eigental in seiner unvergleichlichen Pracht schade, dass wir nicht auf den Gratshöhen des Pilatus sind, über die zu wandern heute besonders genussreich wäre. – Das Licht des Herbstes verändert Landschaft und Atmosphäre. In hundert leicht differenzierten Kulissen präsentiert sich die viel gegliederte Landschaft. Der Eindruck ist im Grunde viel intensiver als im Vollicht des Sommers, wo Halden und Tobel in allen Einzelheiten erscheinen. Heute sind sie im grauen Dunst versteckt und alles ist flächig in feinen diskreten Tönen.

schen ihm und seiner Frau abspielte. Es war Heidelbeerenzeit, und die Früchte waren in jenem Sommer auch in der Pilatusregion sehr gut gediehen. Die Hotelgäste schätzten hin und wieder ein mit Heidelbeeren bereichertes Gericht, besonders zum Nachtisch mit frischem Rahm und Zucker. Nun, die Früchte hatten es auch Toni Hammer angetan, und er kaufte – so wenigstens vermuteten wir – an jenem Markttag in der Stadt mehr oder weniger alle verfügbaren Beeren. Jedenfalls beobachteten wir von der Hotelterrasse aus, wie am Abend ein kleinerer Lastwagen vollbeladen mit appetitlich abgefüllten Heidelbeeren auf dem Parkplatz stand und Toni Hammer eben die ganze Ladung

übernehmen wollte. Seine Frau, die bei den spontanen Geschäften ihres Mannes stets Unheil witterte, kam dazu, verwarf die Arme und fiel fast in Ohnmacht. «Was soll ich nur mit dieser Wagenladung Heidelbeeren?» rief sie voller Verzweiflung, «ich kann doch den Gästen nicht dreimal im Tage Heidelbeeren vorsetzen.» Sie begann, den Verkäufer zu beschimpfen, dem doch die Abstrusität des Handels ebenfalls hätte offenkundig werden sollen. So entspann sich ein heftiger Wortwechsel in derber Eigentaler Mundart. Ich glaube, dass es Frau Hammer schliesslich gelang, die Heidelbeerenschwemme wenigstens auf die Hälfte zu reduzieren. Immerhin, auch so noch hatten die Gäste

die nächsten zwei Wochen blaue Mäuler. Toni Hammer aber hütete sich, noch einmal ins Beerengeschäft einzusteigen, ohne mit seiner Frau vorher die Marktlage gründlich erörtert zu haben.

In der Regel fiel der 1. August in die Zeit unserer Ferien im Eigental, ein Tag der Einkehr, wie wir so sagen, und für die Kinder vor allem eine Gelegenheit, bis zur späten Nachtzeit aufzubleiben; denn erst dann liessen sich die Höhenfeuer sehen, und die eigenen kleinen Feuerwerke konnten abgebrannt werden. Es war im Sommer des nassen Jahres 1953, als wir uns

im Gasthof zur Nationalfeier rüsteten. Seit gut einer Woche hatte es praktisch ohne Unterbruch geregnet, und die Wege und Stege im Talgrund waren morastig und nur mehr mit guten Stiefeln zu begehen. Der Rümligbach war mächtig angeschwollen und sein Wasser gelblichbraun vom mitgeführten Schutt. Mit viel Mühe hatten die Hotelgäste trotz des schlechten Wetters eine Menge Fallholz aus den umliegenden Wäldern gesammelt und auf der Wiese vor dem Gasthaus für das Augustfeuer sorgfältig aufgeschichtet. Auch unsere Kinder, mit gutem Regenschutz versehen, machten sich dabei nützlich. Der

Holzhaufen war schliesslich gegen dreieinhalb Meter hoch und versprach ein tolles Feuer, nur eben, der Regen liess nicht nach, und der imposante Stoss war hoffnungslos durchnässt. Dennoch wollte Toni Hammer den Abend nicht ohne Feuer verstreichen lassen, und nach dem festlichen Nachtessen, bereichert durch eine gehaltvolle Ansprache von Oberrichter Hans Bachmann, versuchte er den Holzhaufen anzuzünden, während sich die Gäste unter Schirmen vor das Haus begaben. Als alles nichts fruchtete, schüttete er drei Kannen Petrol in das Geäst und warf ein brennendes Streichholz nach. Darauf entzündete sich der Brennstoff explosionsartig, und für kurze Minuten brannte alles lichterloh. Doch kurz danach erstickte das Feuer im grauschwarzen Rauch. Nachdem sich die Übung zum drittenmal ohne Dauererfolg abgespielt hatte, gab es auch Toni Hammer schimpfend und fluchend auf, und die enttäuschte Gästeschar

verzog sich in die Wirtsstube, um den restlichen Abend beim gemütlichen Jass zu verbringen. Bald waren das traurige Wetter und das verpasste Augustfeuer vergessen, und die Welt schien erneut in Ordnung. Als uns jedoch der nächste Morgen mit einem neuen Regentag bescherte und uns der leicht angekohlte, vor Nässe triefende Holzstoss vor dem Gasthaus wie zum Hohn das Elend dieses Sommers nochmals eindringlich in Erinnerung rief, da besannen wir uns eines Besseren, packten unsere sieben Sachen und fuhren mit der Mittagspost in die Stadt nach Hause. Trotz aller Unbill oder vielleicht gerade darum ist die Erinnerung an diesen ersten August viel wacher geblieben als an alle jene Feiern, wo wir in lauer Sommernacht die mehreren Dutzend Höhenfeuer auf den umliegenden Bergen zählen konnten.

Sturz am Chriesiloch

Ein strahlender Morgen im Mai 1975 hatte mich schon früh aus dem Hause im Sand in Kastanienbaum gelockt. Lange vor Mittag erreichte ich Pilatus Kulm. Mein ursprüngliches Vorhaben, das Tomlishorn über den alten Felsenweg zu besteigen, hatte ich allerdings aufgeben müssen; denn noch lag zuviel Schnee auf den abschüssigen Bändern, auch fanden sich keine Trittspuren von früheren Begehern, und zudem war ich weder mit Pickel noch Steigeisen ausgerüstet. So hielt ich kurz vor dem Einstieg gut hundert Meter über dem Chastelen Dossen den Weiterweg nicht mehr für geraten, kehrte um und gewann erneut das Klimsenhorn. Über den normalen Weg erreichte ich wenig später die Kulmgalerie. Auch hier lag zeitweise noch viel hart gefrorener

Schnee, besonders in den langgezogenen steilen Geröllrinnen, die sich vom Chriesiloch nach unten ziehen und den ganzen Tag im Schatten liegen. Allein hier fanden sich gute Trittspuren vor, so dass der Aufstieg auch ohne Pickel problemlos war. Auf der Kulmterrasse lud die warme Maiensonne zu einer ausgiebigen Rast, und mit Vergnügen genoss ich den üblichen Halbliter Féchy mit Brot und Trockenfleisch. Nach Mittag begannen sich unzusammenhängende Nebelschwaden vom Matthorn her den Eselfelsen entlang zum Kulm zu ziehen, verdeckten zeitweise

die Sonne, und sofort wurde es kalt und unbehaglich. Schneller, als ich annahm, war der Berg in die weissgraue Masse eingehüllt, und der Kulm begann sich zu entvölkern. Auch ich packte meine Sachen und verabschiedete mich von den Mohrs. Im Abstieg durch das Chriesiloch war ich bereits allein auf weiter Flur. Vorsichtig stieg ich in den guten Tritten das steile oberste Schneefeld hinab, um den apern Zickzackweg zu gewinnen.

Ich mochte etwa drei Kehren hinter mich gebracht haben, als ich aus der Flanke links vom Weg Hilferufe vernahm, wobei ich den Rufer wegen des dichten Nebels nicht ausmachen konnte. Ich rief zurück, erhielt Antwort und folgte der Stimme quer über den abschüssigen, grasdurchsetzten Hang. Nach weni-

gen Schritten zeichnete sich im Grau die Gestalt eines Touristen ab, der sich offenbar an einem in der Geröllrunse liegenden Verletzten zu schaffen machte. Mit eiligen Schritten erreichte ich die beiden. Der Verunfallte lag bewusstlos mit arg zerschlagenem blutendem Kopf im Geröll der Runse, die wenig weiter oben in ein steiles Schneecouloir überging. Der unverletzte Begleiter erklärte mir aufgeregt, dass sein Kamerad kurz unterhalb des Chriesilochs im harten Schnee ausgeglitten und, da er keinen Pickel hatte, ohne Bremsmöglichkeit das hartgefrorene Schneecouloir hinabgesaust und schliesslich hier im Geröll elendiglich hängengeblieben sei. Er sei ihm sofort nachgestiegen und habe ihn hier bewusstlos vorgefunden.

    Schnell berieten wir, was zu tun sei. Wir einigten uns, dass ich beim Verletzten bleibe und ihn auf dem losen Geröll einigermassen sichere, während er in aller Eile auf Kulm zurücksteige und die Rettungsstation auf der Fräkmünt avisiere. Wegen des Nebels konnte eine Bergung mit Helikopter, die sicher das eleganteste gewesen wäre, leider gar nicht in Erwägung gezogen werden. So war mit einer Wartezeit von mindestens anderthalb Stunden zu rechnen. Ich versuchte, den Be-

wusstlosen und mühsam atmenden Verletzten etwas bequemer und mit dem Kopf zur Seite zu betten, mehr um mich selbst zu beruhigen als in der Gewissheit, wirklich etwas Gescheites zu tun. Meinen Rucksack, die Windjacke und den Pullover schob ich, so gut ich konnte, unter den Unglücklichen, gleichzeitig musste ich aber mein rechtes Knie fest gegen den Körper des Verletzten stemmen, da er infolge der Steilheit des Geländes weiter abzurutschen drohte. Noch nie sind mir fünf Viertelstunden so lange vorgekommen wie bei dieser hilflosen Wache bei dem regungslosen Bergfreund. Blut, das seinen Lippen entfloss, schreckte mich, und ich konnte mir nicht ausdenken, wie ein

Mensch solches überhaupt überlebe. Mittlerweilen hatte auch ich mich in der unbequemen sperrenden Stellung verkrampft, fing an, die Kälte empfindlich zu spüren, und wartete schlotternd auf die Helfer.

Weit mehr als eine Stunde war verflossen, seit mich der andere Berggänger – es waren übrigens beides Einheimische aus Kriens – verlassen hatte. Da endlich hörte ich die vom Kulm in aller Eile herannahende Rettungsmannschaft und wies sie durch Rufe zum Unglücksort. Mit einer Sonderfahrt der Luftseilbahn waren die Helfer von der Fräkmünt auf Kulm befördert worden,

von wo sie sich sofort an den Abstieg machten. Erst auf wenige Meter konnte ich die drei und den Kameraden des Gestürzten im Nebel erkennen. Der erfahrene Leiter der Mannschaft untersuchte zunächst den Verunglückten, der nun hin und wieder mit einem schnarchenden Stöhnen reagierte, aber noch nicht sprechen konnte, und vermutete einen Schädelbruch. Gliedmassen schien der Ärmste keine gebrochen zu haben. Mit grösster Sorgfalt banden wir den Körper auf die Rettungsbahre, die von den zwei kräftigsten Burschen ohne Verzug gehoben und eilends nach dem Klimsenhorn hinuntergetragen wurde. Die Kabine der

Im Sand, 31. Oktober 1965. Der Pilatus, seit unserer Jugend ein Symbol für die segen erneuernden Kräfte der Natur, zeigt sich diesen Herbst wiederum in seiner ganzen Pracht. Hoch über den Nebeln des Mittellandes ragt er mit seiner hehren Gestalt – sie mahnt mich immer an unsere Mutter – hoch in die klarblaue Atmosphäre. Schon sind die Tage kurz und der tiefe Stand der Sonne gibt dem Gebirge einen völlig veränderten Charakter. Mir behagt diese pastellige Ausgeglichenheit, diese edle Mischung von Wärme und Kälte, wesentlich besser als der extreme Sommer oder Frühling, wo unser Auge im Lichte leidet. Mag sein, dass die technische Erschliessung des Pilatus ihm viel von seinem ursprünglichen Charakter genommen hat. Andererseits dürfen wir nicht vergessen, dass sie uns auch viele Naturgenüsse bringt, deren wir sonst unsern heutigen Lebensgang entbehren müssten. Und im Winter: Wie herrlich, ohne Mühe auf den Berg zu gelangen und ihn nachher in der Abfahrt zu bezwingen! Für den

unermüdlichen Wanderer gibt's noch tausend Wege, sie sind sogar reizvoller geworden durch die zwischenlose Überwindung der Vorberge. Bald wird ja auch der Titlis auf die bequeme Weise zu "ersteigen" sein, warum nicht? Mit dem erforderlichen Ehrfurcht vor der Natur und mit ihr, nicht gegen sie, sind auch diese Realisationen wahre Fortschritt. So es gebracht, ist an der geistig-ethischen Bereitschaft des Grossteils der Menschen, solche Errungenschaften der Technik zu benützen. Im Zeitalter des immer tollere Formen annehmenden Materialismus ist die Not nicht in die Technik hinein zu inspizieren, sondern sie ins Ethische zu retten.

Luftseilbahn wartete bereits am Mittelmast auf dem exponierten Grat zum Klimsenhorn, wo sie über eine luftige Fallbrücke bestiegen werden kann. Mit dem Verunglückten mussten wir allerdings vorerst auf den Gipfel des Klimsenhorns, um dann dem Grat folgend zum Seilbahnmast abzusteigen. Der vom nassen Nebel aufgeweichte weglose Boden war glitschig, und wir mussten die beiden Träger am kurzen Seil sorgfältig sichern. Jeder der fünf an der Rettung Beteiligten gab sein möglichstes, um Zeit für die Hospitalisierung des Verunfallten zu gewinnen. Die ruhigen, aber entschlossenen und klaren Anweisungen des Rettungschefs wirkten erleichternd, Worte wechselten wir eigentlich kaum, doch war es, als ob wir alle in dieser kurzen Stunde enge Freunde geworden wären. Das Verladen des Verunfallten in die Kabine war ohne Probleme, und wir fuhren alle mit ihm zur Fräkmünt, wo die Vorbereitungen für den Weitertransport mit der unteren Seilbahn nach Kriens bereits getroffen waren. Dort warteten der Arzt und das Spitalauto.

Für mich nahm der Vorfall damit sein Ende. Ich dankte dem jungen Rettungsobmann für seine rasche und kundige Hilfe, gab ihm Namen und Adresse für den Fall, dass irgendwelche Auskünfte meinerseits noch nötig würden, und packte die mit Blut besudelte Jacke ein. Irgendwie erleichtert, aber trotzdem mit einem ungutem Gefühl der Sorge machte ich mich auf den Heimweg. Gerne hätte ich nämlich vernommen, wie der Gestürzte vom Arzt beurteilt worden war und was ihm im Spital bevorstand. Ich habe nie mehr etwas gehört, habe auch nicht nachgefragt und kann so nur hoffen, dass der unglückliche Pilatusgänger seine Verletzungen gut überstanden hat und inzwischen voll genesen ist. Wahrscheinlich bin ich ihm am Pilatus bereits wieder begegnet, nicht wissend, dass er mit jenem Verunfallten identisch ist, und er nichts ahnend, dass ich ihm an diesem fatalen Tage beigestanden war.

So nimmt das Leben seinen Gang. Wir alle sind ja nur kurzfristige Lehnherren in einem viel dauerhafteren und umfassenderen Geschehen, von dem das Gebirge so eindrücklich

Zeugnis gibt. Die mannigfaltigen Versteinerungen, denen wir am Pilatus immer wieder begegnen, und neuerdings die Hinweise auf geologische Eigenarten, die der Wanderer an den Bergpfaden vorfindet, sie beide erinnern uns an die eigene Vergänglichkeit.

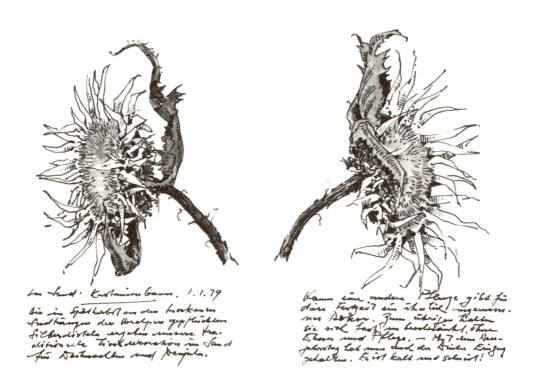

Der Winterwart

Lange bevor die klassischen Gipfel der Voralpen und einzelne besonders attraktive Grate der Hochalpen durch kühne Bergbahnen, später mittels raffiniert gebauter Luftseilbahnen und schliesslich mit Flugzeugen und Helikoptern erschlossen wurden, gab es für den Sommerbetrieb eine Vielzahl von Gipfelunterkünften und Berghotels. Im Winter waren diese Häuser kaum zugänglich oder dann nur durch erfahrene Berggänger und bei misslichen Wetter- und Schneebedingungen oftmals sogar für Wochen gänzlich von der Aussenwelt abgeschlossen. Trotzdem war es üblich, die über mehrere Monate stillgelegten Gasthäuser durch einen berggewohnten und handwerklich geschickten Wart zu besetzen. Er hatte das Haus in Ordnung zu halten, musste die nach der Sommersaison nötigen Reparaturen vornehmen und vor allem den schädlichen Einwirkungen des winterlichen Wetters auf Gebäude und Geräte nach Möglichkeit entgegenwirken, kurz, er hatte eine verantwortungsvolle und durch die monatelange Einsamkeit besonders drückende Aufgabe zu erfüllen. Nach dem Aufkommen des Radios war ihm wenigstens der drahtlose Kontakt mit dem Geschehen im Unterland gewährleistet.

Das Schicksal der früheren Winterwarte, ob auf dem Pilatus, dem Säntis, der Gemmi oder auf den Hospizen der klassischen Alpenübergänge wie Gotthard, Grimsel oder Grosser St. Bernhard, hat denn auch die Phantasie der Unterländer immer wieder angeregt. Leider hat die uneingeschränkte technische Erschliessung der Alpen inzwischen dem Zauber ein banales Ende bereitet. Die Winterwarte waren in der Regel Charakterfiguren, starke und wohl auch etwas eigensinnige Naturen, die die Abgeschlossenheit liebten und das absolute Vertrauen der Eigentümer der verlassenen Gebäude genossen. Es fehlt

auch nicht an tragischen Vorkommnissen, so etwa die ruchlose Ermordung des Wartes auf dem Säntis, die den Umständen entsprechend erst nach Monaten entdeckt und nie richtig geahndet werden konnte. Sie fand ihren literarischen Niederschlag in J.C. Heers Roman «Der Wetterwart». Oder das ergreifende Schicksal der Winterwarte auf Schwarenbach am Gemmipass, Gegenstand der fesselnden Novelle «L'Auberge» von Maupassant. Alle Schilderungen und Begebenheiten sind durchdrungen von der grenzenlosen Verlassenheit, der sich diese Leute damals ausgesetzt fanden, gesteigert noch durch die monatelange physi-

sche Unmöglichkeit, mit der gewohnten Gemeinschaft in unmittelbare Verbindung zu treten. Heute wäre es in der Tat nicht leicht, auch mit aller Absicht diesen Zustand herbeizuführen, denn die technische Zivilisation hat uns praktisch aller Möglichkeiten beraubt. Vielleicht ist gerade darum unsere Sehnsucht nach Einsamkeit um so grösser und das Suchen der Jungen nach einer natürlicheren und heileren, von den Zwängen der Technologie befreiten Welt um so drängender.

Bis zum Winter 1956, als Pilatus Kulm über die Luftseilbahn von Fräkmünt ganzjährig erschlossen wurde, haben wir zwei Winterwarte mit ihren Familien, die Vonwyls und die Blättlers, kennengelernt. Beide Väter waren bodenständige Alpnacher, die in der schneefreien Zeit als Bahnarbeiter bei der Pilatusbahn beschäftigt waren. Wenn mir Vonwyl, der ältere und frühere Wart, in deutlicherer Erinnerung ist, so wohl deshalb, weil ich damals noch Schüler an der Luzerner Kantonsschule war und uns die winterlichen Besteigungen des Pilatus als eigentliche Abenteuer vorkamen. In der warmen und rauchigen Küche des alten, inzwischen abgebrannten Hotels Bellevue fühlten wir uns nach den strengen Aufstiegen immer wie daheim. Winterwart Vonwyl war uns so etwas wie ein zweiter Vater, stets zur Hand mit gutem Rat und vor allem dafür besorgt, dass wir bei unserer Ankunft auf Kulm eine warme Suppe und seinen obligaten Most vorfanden. An schönen Sonntagen hielt er schon vormittags mit dem Fernglas Ausschau, ob wir etwa bereits von der Aemsigen oder der Laubalp her den Chilchsteinen zuspurten. War dies der Fall, so liess er seinen grossen gutmütigen Sennenhund los, der uns, vor Freude jaulend, bisweilen bis zu den Chilchsteinen entgegenkam, obwohl er sich nur mit Mühe durch den tiefen Schnee bewegen konnte. Zurück ging es dann leichter, denn dann lief er, seine Kräfte

schonend, in unserer Aufstiegsspur. Doch nicht nur für Winterwart Vonwyl war unser sonntäglicher Besuch ein willkommenes Ereignis, sondern auch für seine Frau und ihre drolligen kleinen Kinder, die das Schicksal des Wartes auf Kulm teilten. Mit den Kindern hat es seine besondere Bewandtnis, denn fast jedes Jahr begegneten wir einem neuen Sprössling, und gegen Ende von Vonwyls Amtszeit – der Winterdienst wurde ihm mittlerweile zu streng – mochten es an die dreizehn gewesen sein, alle gesund und, wie sich später herausstellen sollte, durchwegs wohlgeraten. Auf eine Art beneideten wir diese Naturkinder um

Pilatus-Kulm. 26. April 1920. So etwa sah es noch am Abend des 25. April aus, als ich mich entschloss, auf dem Kulm zu nächtigen, um am andern Morgen den Führerzug abzuwarten. Doch ein richtiger Wintersturm setzte in der Nacht ein und am Morgen lag der Neuschnee wieder meterhoch. – Das grosse Lawinenunglück bei der Freilegung der Bahn oberhalb Aemsigen, dessen eines Opfer noch immer im Schnee begraben ist, mahnte zur Vorsicht und so fuhr ich mit der Seilbahn nach Fräkmünt. Von hier war es ein Genuss nach der Krienseregg zu fahren, eine ganz seltene Möglichkeit zu dieser Jahreszeit, wo die Natur in Blütenpracht sein sollte.

ihr in unseren Augen so ungebundenes Leben auf der winterlichen Höhe. Doch für sie gab es stets Arbeit genug: die älteren halfen dem Vater beim Rüsten und Verkleinern der im Sommer eingelagerten Holzvorräte, beim Graben und Ausbessern der oft viele Meter langen Schneetunnels auf beiden Seiten des Hotelgebäudes und bei vielen laufenden Unterhaltsarbeiten. Die kleineren traten der Mutter im Wege herum und taten sich mit Vorliebe in der Küche auf ihre Weise nützlich. Die Küche bildete überhaupt den Mittelpunkt des Familienlebens, denn es war der einzige Raum, in dem es wirklich warm war. Das

Am Galtigengrat. Pilatus. 1. März 1964

Bei einer kurzen Rast bei den Kilchsteinen auf der Skiabfahrt vom Pilatus bot sich mir heute eine wunderschöne Überraschung. Die Steinbock-Kolonie war am nahen Galtigengrat versammelt und bot in der Sichtweite ein geradezu phantastisches Bild. Wer würde vermuten, dass dieses edle Bergwild in so enger Strassennähe auf freier Bahn zu beobachten wäre. Aber im Winter ist die Südseite des Pilatus immer noch ein Paradies für den einsamen Steinbock und Erlebnisse mit Bild, wie heute, sind gar keine Seltenheit. Die vor Jahren ausgesetzte Steinwild-Kolonie muss offenbar prächtig gedeihen. Die mächtigen Hörner der Böcke legen beredtes Zeugnis darüber ab. Hoffentlich bleibt diese wilde schöne Kolonie erhalten, sie ist eine Zierde der Innerschweiz!

Hotelgebäude selbst blieb im Winter ungeheizt und war dementsprechend kalt. Ich erinnere mich an Dezembertage, wo im Hotelvorraum hinter der doppelten Eingangstüre der Schnee nicht einmal von den dort abgestellten Skiern schmolz.

Eine alte Tradition einiger Luzerner Skiclubmitglieder weiterführend, trugen wir Kantonsschüler jeweils am Tage vor Weihnachten der Familie Vonwyl ihren Christbaum auf den Berg und den Kindern ein paar Orangen und etwas Schokolade. Das war immer ein grosses Fest und brachte auch uns Jungen so richtig in Weihnachtsstimmung. Es traf sich mitunter, dass uns der Wettergott weniger gut gesinnt war und wir nach einem eher mühsamen und langen Aufstieg wie Menschen von einem andern Planeten auf Kulm eintrafen und uns zunächst einmal den Schnee abschütteln und die Hände wärmen mussten. Um so mehr schätzte dann die Wärterfamilie den vorweihnachtlichen Besuch und die damit verbundenen Überraschungen.

Den Vonwyls folgten die Blättlers als winterliche Bewohner des Kulmhotels. Vater Blättler war ein ruhiger Berglertyp. Auch er sprach in der so wohlklingenden, fast singenden Obwaldner Mundart. Seine Familie war kleiner als die seines Vorgängers, doch für heutige Begriffe mit fünf Kindern immer noch recht ansehnlich. Seine Winterjahre waren bereits überschattet von den sich abzeichnenden politischen Entwicklungen im Vorfeld des Zweiten Weltkrieges. Die Welt schien auch uns Studenten nicht mehr heil, und eine innere Unrast machte sich irgendwie bemerkbar in unseren Gesprächen auf den sonntäglichen Bergfahrten. Trotzdem blieb der Pilatus unser bevorzugtes winterliches Tourenziel, und der Umstand, dass der von Luzerner Idealisten inzwischen ausgeholzte Skiweg über Deneten einen lawinensicheren Aufstieg ermöglichte, erhöhte noch die Anziehungskraft des Berges. Auch mit Blättlers feierten wir mehrere Weihnachten, und die Abfahrt den steilen Kulmhang hinunter war nicht immer ohne Schwierigkeiten, wenn wir sie zu spät und nach etwas zu grosszügigem Genuss des guten Mostes unter die Bretter nahmen.

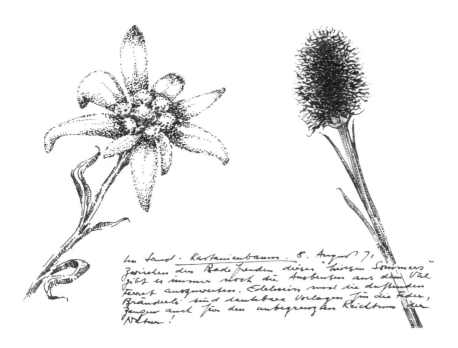

Mit dem Ausbruch des Zweiten Weltkrieges änderte sich vieles. Die meisten Kameraden taten Aktivdienst, vielfach auch in den Bergen, und mit den geruhsamen Sonntagen von früher war es vorbei. Auch der Pilatus änderte sein Gesicht. Er erhielt eine neue wichtige Rolle im Rahmen des von General Guisan entworfenen Konzepts für die Verteidigung der Schweiz, das die unbedingte Haltung des Alpenraumes, das berühmt gewordene Reduit, zum Inhalt hatte. Das Massiv des Pilatus war dem Reduit vorgelagert, sozusagen wie eine natürliche Bastion. Das führte dazu, dass an seinen Flanken Befestigungswerke entstanden und auf Kulm technische Einrichtungen für die Beobachtung und die Überwachung des Luftraumes geschaffen wurden. Die einsamen Winter des Hotelwartes gehörten endgültig der Vergangenheit an. Im Innern des Berges wurde Sommer und Winter gebohrt und gesprengt, und das Hotel, dem im Sommer sowieso die ausländischen Touristen fehlten, konnte sich mit dem einquartierten Militär und den Baugruppen einigermassen sanieren. Die Technik machte sich allenthalben bemerkbar. Doch uns beschäftigte das weiter nicht mehr, mussten wir doch alle mit unseren eigenen Sorgen und Problemen fertig werden. Der Krieg, obschon unser Land von direkten Einwirkungen glücklicherweise verschont blieb, begann sich entscheidend auf die weitere Gestaltung unserer Lebenswege auszuwirken. Mit meinen Bergkameraden stand auch ich nach Abschluss der akademischen Studien am Anfang der beruflichen Tätigkeit.

Im Sand. 25. Dezember 1973. Der «älteste Urner», wie wir den Föhn zu nennen pflegen, war auch diese Weihnachten ein grosser Spielverderber. Aper sind die Hänge bis weit hinauf an die Gipfel der Urschweizer Berge. Mit etwelchem Hindernissen war die geplante P. Latusabfahrt nach Leutoldsmatt gepickt. Doch das alles tat dem Weihnachtsfest im Sand keinen Abbruch. Heute erwarten wir unsere Japan-Heimkehrer Andreas und Erika.

Die sieben Perlen

Für den naturbegeisterten Wanderer hat jeder Berg besonders ausgezeichnete Orte, es sind meist wenig begangene Plätze, wo sich die landschaftliche Schönheit und Eigenart sozusagen verdichtet manifestieren. Also Stellen, wo man zu verweilen liebt, wo man ausruht, zum verdienten Picknick greift, photographiert oder sich sogar im Skizzieren versucht. Sie erinnern mich immer an geschätzte Schmuckstücke oder geliebte Kunstgegenstände zu Hause, deren Anblick einen in Bann zieht und die dem vertrauten Ganzen erst den Glanz verleihen. Im übertragenen Sinne also Perlen in dem an sich schon faszinierenden Garten der Natur. Sieben solcher Perlen möchte ich herausgreifen, sie näher

Rast bei den Kilchsteinen – Pilatus
(aus Saas)　　　　　11. März 1978

Ein wolkenloser warmer Frühlingstag war
uns heute für den Pilatus beschert. Ausnahmsweise fuhren wir mit der Seilbahn
nach Kulm und für die Abfahrt nach der
Alpnacher Fräkmüntl war der Schnee
gerade richtig aufgeweicht. Wir genossen
die erste Frühlingsschneetour in vollen Zügen.
Nach dem Aufstieg zum Kulm konnten wir
der Versuchung nicht widerstehen, den sulzi-
gen Gipfelhang ein zweites Mal mit unseren
Schwüngen zu zerfurchen.

beschreiben und dem Pilatusgänger in Erinnerung rufen. Selbstverständlich könnten es mehr und andere sein, das liegt in der Natur der Sache, doch ich habe nun einmal eine Vorliebe für die gewählten Örtlichkeiten, und mit der Zahl sieben leben wir jede Woche.

Wer Ende Mai, Anfang Juni den Pilatusaufstieg von der Oberlauelen durch das Heitertannli unter die Füsse nimmt, wird sich schon bald über die kleine Halde wundern, die über den unteren Felsen des oft noch mit Lawinenschnee gefüllten Grabens auffällig weiss im Sonnenlichte gleisst. Schnee kann um diese Jahreszeit nicht mehr auf dem abschüssigen Grasband liegen, und Nässe würde vielleicht auf aperen Kalkfelsen ähnlich reflektieren, doch hier ruht der Blick auf einer kleinen steilen Wiese. Nun, die Einheimischen kennen dieses Trugbild und wissen, was dieser Maienschnee bedeutet: Eine mit Hunderten von weissen Bergnarzissen übersäte Flanke, einzigartig am Pilatus, örtlich eng begrenzt und kaum anderswo zu finden. Niemand weiss, warum diese wunderschönen, für die nordexponierte Bergflanke auf über anderthalbtausend Meter Höhe so ungewöhnlichen Blumen sich Jahr für Jahr ausgerechnet hier in so grosser Pracht entfalten. Für den Berggänger, ob im Aufstieg oder Abstieg durch das Heitertannli, ist das Sternenmätteli, wie es der Volksmund nennt, immer ein aufregendes Erlebnis, und er würde sich hüten, mit frevlerischer Hand in die weisse Wiese zu greifen: Eine der sieben Perlen am Pilatus.

Schon wiederholt war von den Chilchsteinen die Rede, etwa fünf oder sechs markante Felstürme, die wie kleine Dolomiten sich aus der mattigen Mulde am Fuss des südlichen Kulmhanges herausrecken. Die beiden grössten stehen wie Zwillinge nebeneinander und mögen an ihrer höchsten Stelle den Alpboden um etwa fünfzehn Meter überragen. Die Felsen sind geradezu ideale Übungsplätze für junge Kletterer, die sich mit der Technik des Gehens im Felsen und der Handhabung des Seils vertraut machen wollen. Selbst für die Überwindung kleinerer Überhänge mit technischen Hilfsmitteln gibt es geeignete Stellen, und viel kann wegen der geringen Höhe der Blöcke und des weichen grasigen Grundes eigentlich nicht passieren. Kein Wunder darum, dass wir bereits als Schüler der unteren Klassen manchen schönen Sonntag für Übungen an den Chilchsteinen nutzten und bald alle Varianten mit grosser Behendigkeit durchkletterten. Fast zwangsläufig passierte hier auch der erste, wenn auch harmlose Unfall, als sich mein Freund Thedy zwischen den Zwillingen bei einem kurzen Sturz den Fuss verstauchte. Als echte Perlen entpuppen sich die Chilchsteine jedoch im Winter, nach einem grossen neuen Schneefall, wenn ihre Flanken weiss verkrustet sind. Wird man im mühsamen Skiaufstieg vom Nebel überrascht, so sind es wieder diese Monolithen, die einem den Weg zum Kulm mit aller Deutlichkeit weisen. Schon manchen unsicher gewordenen Skifahrern haben sie sich im richtigen Augenblick aus der weissen Nebelmasse abgezeichnet und ihnen die Gewissheit über die richtige Route erneut gegeben.

Vom Tomlishorn, der höchsten Erhebung in der Pilatuskette, zieht sich nach Süden ein felsiger, im unteren Teil mit vereinzelten Wettertannen durchsetzter Grat zur Alp Fräkmünt hinab. Gegen Westen bricht der Grat in senkrechten Stürzen gegen die weite, aber steile Alpweide Tomli ab, die ihrerseits auf der gegenüberliegenden Seite durch die senkrechten Felswände des Widderfelds begrenzt wird. Die im Sommer stets mit Vieh bestossene Alp Tomli bildet somit eine Art Kessel, im flacheren Mittelteil bis Mitte Juli mit Resten von Lawinenschnee bedeckt. Mit der zunehmenden Wärme sammelt sich das Schmelzwasser zu einem kleinen Weiher, in dem sich die Kühe an heissen Sommertagen gerne kühlen. Der felsige Südgrat zum Tomlishorn, auf dessen ganzer Länge man eine unvergleichliche Fernsicht geniesst, gehört wohl zu den schönsten Anstiegen im leichten Fels, die der Pilatus zu bieten hat. Die exponierte, aber unschwierige freie Kletterei zieht an schönen Sonntagen Dutzende von Berggängern an, die das Kulmhotel auf diesem etwas ungewohnteren Wege über das Tomlishorn erreichen wol-

Tomlishorn · Südgrat. 8. April 78
Ein märchenhafter Sulzschnee lag heute auf dem P. Tomlis.

len. Die im Aufstieg rechter Hand steil abfallenden, grasdurchsetzten Felsflühe sind wegen ihrer Unzugänglichkeit beliebte Aufenthaltsorte der scheuen Gemsen. Bisweilen tummeln sich diese bis an den Südgrat, überqueren ihn im obersten Drittel, wo sie einen guten Durchschlupf über Grasbänder zur Tomlialp benutzen. So kann es vorkommen, dass der Kraxler am Südgrat unvermittelt mehrere Gemsen aufscheucht, die darauf in tollen Sprüngen in die Flanken ausweichen. Das von ihnen gelöste und über die Flühe stürzende Gestein ist dann noch über längere Zeit zu hören.

Auf Rosegg am Pilatus. 8. September 1973

Eine andere Perle im Gratkranz der Pilatuskette ist die Rosegg, ein dem Esel südlich vorgelagerter mattiger Übergang, gegen Osten einen überwältigenden Tiefblick auf den Vierwaldstättersee gewährend und in der entgegengesetzten Richtung die freie Sicht auf den Alpenkranz darbietend. Auf diesem grasigen Pass treffen sich die Aufstiegswege über das Hängefeld hoch über dem See und von der Mattalp am Pilatussüdfuss, von wo sich auch das Trassee der Zahnradbahn in kühner Linie gegen die Eselwand hinaufwindet. Die Rosegg ist wohl einer der prächtigsten Ruhepunkte in unmittelbarer Nähe der Kulmhotels und doch nur selten von Touristen überschritten oder zur Raststätte gewählt. Auch an heissesten Sommertagen streicht ein kühler Wind über den Grat, wohl wegen der grossen Temperaturunterschiede auf den beiden durch ihn getrennten Flanken. Die geübteren Gänger finden einen reizvollen Anstieg zur Rosegg, indem sie von der Mattalp den sich zur Rosegg in versetzten Felsbastionen hinaufziehenden Galtigengrat erklettern, eine beliebte Trainingstour im Frühling für die Junioren des Luzerner Alpenclubs.

Mehr dem zur Beschaulichkeit neigenden Pilatuswanderer zugetan ist der idyllische Birchboden mit seinen beiden im Hochwinter kaum aus dem Schnee herausragenden Alphütten. Über den Birchboden führt die Skiabfahrt vom Kulm, doch muss die Alp in einem halbstündigen Aufstieg, am besten natürlich mit Fellen, von der Alp Fräkmünt erklommen werden. Es

Auf Tomlialp am Pilatus
Blick auf den Birchboden
28.III.76

ist übrigens dieser kurze Zwischenanstieg mitten in der so kurzweiligen Pilatusabfahrt, der viele Skifahrer zum vornherein vom Luzerner Hausberg fernhält, denn mit ihren neuartigen, auf die Piste zugeschnittenen Abfahrtsausrüstungen ist ihnen selbst ein kurzer Gegenanstieg zuviel. Vom Birchboden aus, dessen noch am späteren Nachmittag in der prallen Sonne stehende Hütten als beliebter Rastort benutzt werden, überblickt man im Winter die ganze Skiabfahrt vom Kulm bis Fräkmünt. Im Sommer wiederum ist es vergnüglich, den zahlreichen Kletterern an der gegenüberliegenden Ruessiflue, am Tomligrat oder den genügsameren Wanderern auf den üblichen Bergpfaden zuzuschauen. An schönen Wochenenden gleicht das Ganze einem Ameisenhaufen, und frohe Jauchzer ertönen dann von allen Graten und echoen an den hohen Kalksteinwänden. Die Blumenpracht auf Birchboden erreicht ihren Höhepunkt im Vorsommer, und der

aufmerksame Beobachter entdeckt in der unmittelbaren Umgebung viel unerwartetes Wild. In der morgendlichen Frühe sind Begegnungen mit Gemsen, Hasen, Rebhühnern und anderem Getier gar keine Seltenheit.

Ein fröhliches Fest ist auf der ausgeebneten Terrasse vor der Alpwirtschaft Lütoldsmatt im kleinen Schlierental im vollen Gange, als meine Frau und ich mit Jim Fogleman, einem Freund aus den USA, von der Stäfeliflue herkommend, hier eintreffen. Es ist Anfang Juni, und noch liegt ziemlich Schnee in den Regionen über der Waldgrenze und in den schattigen Tobeln. Ein klarblauer Himmel wölbt sich über den dunkeln Wäldern des

Wer hätte gedacht, dass wir im Pilatusgebiet noch auf Edelweiss stossen würden. Auf unserer kleinen Klettertour über den Feldgrat auf das Tomlihorn fanden wir unsere ersten Edelweiss in dieser Voralpenregion. Der allgemeine Rückgang des Tourismus auf den mühsameren Routen hat offenbar auch seine gute Seite. Ausgerottete Bergblumen, wie das Edelweiss, finden sich wieder zurück.

Schlierengebiets. Nach der für ihn ungewohnten, ziemlich langen Wanderung ist unser Amerikaner Freund froh, in der Alpwirtschaft haltzumachen und Hunger und Durst mit innerschweizerischen Leckerbissen zu stillen. Das Fest auf Lütoldsmatt gilt, wie wir von der heiteren Gesellschaft erfahren, der Vermählung eines jungen Älplers mit einer Bauerntochter aus Alpnach. In der neu erbauten einfachen Kapelle, nur einige hundert Schritte von der Alpwirtschaft entfernt, soll die kirchliche Trauung demnächst vom Alpnacher Pfarrer vollzogen werden. Vorher aber erklingt noch ein fröhliches, mit Jodel durchzogenes Lied aus den hellen Kehlen eines guten Dutzends Freunde

Auf der Feldalp am Hirzlenfeld (Potolus), 19. März 1972

Mit dem Auto sind Doris, Michael und ich heute auf staubiger Strasse über die Luibolsmatt hinaufgefahren und machten zu Fuss die trockenen Hänge gegen die Feldalp hinaufgestiegen. Es war ein herrlicher Tag, warm fast wie im Sommer. Nur die schattigen Nordhänge hatten noch etwas Schnee, sonst scheint der Winter bereits vorüber. Es war dieses Jahr eigentlich gar nie richtig zum Zuge gekommen. Das Wild muss sich wohl gefühlt haben, denn alle Mulden und Steige sind voller Spuren. — Einmal mehr sind wir von dem Reiz des kleinen stillen Tales tief beeindruckt und bevor wir die Franzosenstrasse hinunterfahren sitzen wir noch etwas bei Käse, Speck, Brot & Bier an/auf der heimeligen Terrasse der Luibolsmatt.

des Hochzeitspaares, alle sonntäglich aufgeputzt in ihren reich bestickten dunkeln Sennenblusen und mit den runden, schmalrandigen schwarzen Filzhüten auf den Köpfen. Unser Amerikaner Freund kommt nicht aus dem Entzücken heraus, ist sichtlich erregt und seine Kamera knipst ohne Unterbruch. Der herrliche Tag, das gemütliche Fest, die einzigartige Weitsicht auf den Kranz der Innerschweizer Berge, verbunden mit der Nachfreude über die morgendliche Wanderung, lösen auch in uns spontane Begeisterung aus. Auch wir sind ergriffen von der so unerwarteten Fülle älplerischen Lebens. Das alles nur eine halbe Stunde Autofahrt vom städtischen Gewühl entfernt: Die Alp Lütoldsmatt ist eine wahre Perle an der südlichen Pilatusflanke.

Das siebente Juwel im Pilatuskranz will ich dem Widderfeld zueignen. Dieser herrliche Gipfel fällt gegen Südosten wohl zweihundert Meter fast senkrecht gegen die Alp Tomli ab. Die furchterregende, in einzelnen Partien überhängende Wand ist in den letzten Jahren zum anspruchsvollen Übungsfeld für Klettereien mit technischen Hilfsmitteln der oberen Grade geworden. Da sie bis in den Nachmittag der prallen Sonne ausgesetzt ist, braucht es auch nach Regen nur eine kurze Aufhellung, um sie auszutrocknen. Schnee bleibt selbst im Winter kaum auf den wenigen Felsbändern haften. So abweisend diese Wand des Berges ist, so einladend ist die Besteigung des Widderfelds über den westlichen Gratbuckel, eine fette Bergwiese, über die der Gipfel ohne Schwierigkeit zu erreichen ist. Einmal oben, ist man von der umfassenden Fernsicht auf Alpen, Mittelland und Jura überwältigt. Darum gehört eine verlängerte Rast auf diesem Gipfel zu den obligaten Dingen bei der beliebten Begehung des Pilatusgrates vom Kulm bis zum Mittagsgüpfi. Der sanfte Grasrücken, vom Steinwild mit Vorliebe zum Lagerplatz genommen, lässt kaum vermuten, dass seine Ränder fast allseitig in wilde Felsstürze abbrechen, nur einer der Gegensätze, die diese Örtlichkeit zur Perle machen.

Rettung aus der Wand

Wolkenlos und tiefblau wölbte sich der Himmel am frühen Sonntagmorgen des 20. Juni 1978 über den Vierwaldstättersee. Meine Frau und ich beschlossen, mit dem Auto auf die Lütoldsmatt im kleinen Schlierental hinaufzufahren und von dort den immer reizvollen Weg auf Pilatus Kulm unter die Füsse zu nehmen, eine wenig anstrengende, landschaftlich überaus lohnende Wanderung von zwei bis drei Stunden. Wie das an einem schönen Juni-Sonntag in diesem stadtnahen Gebiet zu erwarten war, hatten Dutzende andere Bergbegeisterte dieselbe Absicht, und auf Weg und Steg begegneten wir Gruppen von Wanderern,

unter ihnen gute Bekannte, meist Leute aus der Stadt Luzern. –
Noch während des Lunches auf der sonnigen Kulmterrasse
machte uns Hoteldirektor Mohr darauf aufmerksam, dass am
Widderfeld-Ostpfeiler ein Kletterer ins Seil gestürzt sei und sich
ernstlich verletzt habe. Auf die Meldung anderer Touristen, die
den Sturz des Seilersten beobachtet hatten, habe er die Rettungsflugwacht und den Rettungsobmann des Alpenclubs alarmiert. Wir beeilten uns darauf mit dem Lunch und machten
uns vorzeitig an den Abstieg zur Alpnacher Fräkmünt, nicht
zuletzt auch aus der plagenden Ungewissheit über den Ausgang

Widderfeld am P. Tatans · 29. Mai 1976

des Unfalls in der uns wohlbekannten Widderfeldwand, die wir im Abstieg zwischen Laubalp und Fräkmünt aus nächster Nähe mit dem Fernglas einsehen konnten.

Kaum dass wir Einsicht in die Wand gewonnen hatten, konnten wir mit Beruhigung feststellen, dass die Rettungsaktion bereits in vollem Gange war. Eine Mannschaft von etwa fünf Spezialisten war vom Helikopter der Rettungsflugwacht mitsamt einer modernen Stahlseilwinde und anderem Rettungsgerät auf der grasigen Gipfelkuppe des Widderfelds abgesetzt worden. Mit grosser Eile montierten die Helfer auf dem Gipfel

Auch das Abseilen besorge ich immer noch in alt bewährten Dülfersitz. Es ist die einfachste und für kurze Abseilstellen sicher die praktischste Methode.

———

Abseilstelle am unteren Grat des Russiflue

———

23. V. 79
Das Einziehen des Seils ist nicht ganz problemlos wegen der relativ grossen Reibung am Abseilblock über dem Überhang. Wichtig ist, dass das doppelte Seil nicht überschlagen ist!

———

Kletterer am Diddersfeld-Ostpfeiler

23. V. 79

Das Klettern in den steilen Schwierigkeitsgraden wird, dem modernen sportlichen Auffassen nach, die erst als Überwindung der Wände gestattet, ist hier nicht mehr unser Ziel. Das eminent schöne junge Schauern, das Erleben des Stieges in Gefristen, von sich ewig allein den erstem Seilschaft am Felsen. Felsen des Sicherseins zurückommen können.

die Winde, wobei ihnen der Helikopterpilot offenbar die zweckmässige Plazierung senkrecht oberhalb der Unfallstelle über den Sprechfunk signalisiert hatte. In ungefährer Mitte der etwa zweihundert Meter hohen, zum Teil überhängenden Felswand entdeckten wir auch den verletzten und bewegungsunfähigen Kletterer nebst seinem Seilgefährten, der ihn, wie es durch das Fernglas den Anschein machte, gut gesichert hatte. Immerhin, die Lage war für beide äusserst prekär, hing doch der Unverletzte seinerseits am Sicherungshaken und stand mit einem Fuss in der Trittschlinge, was die Steilheit des Unfallortes nicht deutlicher hätte zeigen können. Die Retter auf der Gipfelkuppe hatten inzwischen die Seilwinde funktionsbereit gemacht, und schon bewegte sich einer von ihnen, das moderne Traggerät zur Aufnahme des Verletzten mitführend und durch das Stahlseil der Winde gesichert, über die Wandkante hinaus. Über den Sprechfunk herbeigerufen, trat nun der Helikopter wieder in die Szene und dirigierte den am Stahlseil die Wand hinunter steigenden Retter auf die beiden von diesem wegen überhängender Felsen nicht einsehbaren verunfallten Alpinisten. Die gelben Helme und die leuchtend roten Jacken und Strümpfe der Kletterer liessen uns die Operationen von blossem Auge in allen Einzelheiten verfolgen. Nach kaum einer Viertelstunde hatte der Abseilende die beiden erreicht. Der Helikopter verschwand wieder, und nun begann die wegen der Abschüssigkeit der Stelle recht mühsame Fixierung des Verunfallten auf das sesselähnliche Traggerät. Die aktive Hilfe des unverletzten Kletterers war für diese Operation von grossem Nutzen. Während der ganzen Zeit hingen nun Retter und Verunfallter mit ihrem ganzen Gewicht am Stahlkabel der Winde. Mit grosser Spannung verfolgten wir den Vorgang, und die für die Fixierung des Verletzten benötigte Zeit schien uns eine Ewigkeit. Offenbar funktionierte eine ständige Spechfunkverbindung zwischen dem Retter in der Wand und seinen Kameraden auf dem Gipfel.

Endlich, nach gut einer halben Stunde, hörten wir den Helikopter über dem Tomligrat heranbrausen, und in der Wand

bewegte sich nun der Retter zusammen mit dem auf dem Traggestell fixierten Verunfallten am Stahlseil rasch nach unten. In kurzen zehn Minuten hatten sie das steile, die Felswand unten begrenzende und mit Grasbüschen durchsetzte Geröllfeld erreicht und sich auf einem einigermassen sicheren Absatz provisorisch eingerichtet. Kaum war dies geschehen, als sich der Helikopter bis auf etwa zwanzig Meter über die beiden senkte und seinerseits das Windeseil auslaufen liess, an das der Retter nun den auf dem Traggestell fixierten Verunfallten anschloss und sich selbst losband. Wenige Augenblicke später sahen wir den Helikopter sich brüsk aufwärts bewegen, den Verunfallten

Fribourg. Metzgergasse. 1. Juni 1973

[Handwritten entry, partially legible:]

Heute habe ich in der Freiburger-Zeitung die Cliché-scheiben angesehen, die uns die Fribourger mit Kopien aus der Diebold-Schilling Chronik in die Fenster eingesetzt haben. Ich möchte sagen, der Versuch sei gelungen und vielleicht findet es Nachahmer.

Die gestrige Tour auf den Pilatus über den immer noch unter Schnee liegenden Tomliweg war ein Hochgenuss aller Anstrengung zum Trotz. Der Pilatusberg war wieder einmal bevölkert wie selten und auf allen Graten waren kleinere Gruppen von Kletterern engagiert. Der so genussreiche Tag am Berg: 6 Steinböcke in unmittelbarer Nähe des Bandweges, ein herrliches Lunch auf Pilatuskulm und ein fröhlicher Abschluss in der Mühlemaa mit alten Bergfreunden, brachte mich auf eine Idee. Warum den Zehntausenden von Touristen nicht eine kleine Pilatusfibel schaffen, deutsch, englisch und französisch im Text und vor allem mit vielen Illustrationen

am Traggestell in freier Luft bis hoch über das Tomlishorn nachziehend. Erst weit über dem Grat zog die Winde des Helikopters den frei baumelnden Verunfallten in die Kabine, ein für uns ganz unwahrscheinliches Bild. Es dürfte daraufhin keine Viertelstunde mehr gebraucht haben, um den Verletzten auf dem Dach des sicherlich längst avisierten Spitals den Ärzten abzuliefern. Das Ganze schien uns nun wieder schnell wie ein Spuk und in der Abwicklung so präzise und folgerichtig, dass wir darüber fast die Tragik des Vorkommnisses vergassen. Die Bergung eines Verletzten aus einer vergleichbaren Lage wäre ja

ohne die grossartigen technischen Hilfsmittel und die hervorragende Ausbildung der Rettungsmannschaften nur unter grössten Schwierigkeiten möglich und wohl nur unter ernsthafter Gefährdung des Verletzten selber. Was wir hier miterlebten, war ein Meisterstück, das in keinem Lehrfilm überzeugender hätte demonstriert werden können.

Inzwischen mochte die dritte Nachmittagsstunde geschlagen haben. Für den immer noch in der Wandmitte verbliebenen Seilgefährten des Verunfallten war es nun ein leichtes, mit Hilfe des in der Wand hängenden Stahlkabels der Winde entweder den Gipfel zu gewinnen oder an den Wandfuss zu gelangen. Wir wissen nicht, zu was sich die Bergungsmannschaft entschloss, es war auch nicht mehr von Bedeutung im ganzen Zusammenhang. Meine Frau und ich machten uns auf den Heimweg, sichtlich beeindruckt von der relativen Sicherheit, die eine hoch entwickelte Technik selbst bei schwierigsten Klettereien gewährleistet. Nun ist aber kaum zu erwarten, dass bei ähnlichen Missgeschicken immer alles so am Schnürchen läuft wie hier am Widderfeld. Wären Schlechtwetter und Nebel eingebrochen, es hätte alles ganz anders ausgehen können. Von bekannten Freunden aus der Rettungsmannschaft erfuhren wir zwei Wochen nach diesem Sonntag, dass der Verunfallte, ein Junior des Alpenclubs, das Spital bereits wieder verlassen habe, jedoch einstweilen noch mit einem Beingips herumlaufe. Also auch in dieser Hinsicht ein ganz grosser Glücksfall, wohl dem Schutzengel des Jungen zu verdanken.

Die Rettung aus der Bergnot, ob im schwierigen Felsen oder im harten Eis, hat in allem Unglück stets etwas Grossartiges, Befreiendes in sich. Nur wer selbst für seinen Seilkameraden bangen musste, wer den tragischen, möglicherweise über Leben und Tod entscheidenden Zeitverzug mit aller Bitterkeit erdauerte, kennt diese Empfindung. Sie wurde schon hundertfach beschrieben, und dennoch schlägt sie uns immer wieder erneut in Bann. Warum wohl? Weil die Natur mit aller Macht mitspielt, weil sie den Ausgang weitgehend bestimmt, die Helfer mit Milde unterstützt oder aber ihre Aufgabe im Nebel und Sturm ins Unermessliche erschwert. Dem wahren Alpinisten, und ganz besonders dem Alleingänger, ist darum das Zwiegespräch mit der Natur nichts Ungewohntes. Wie oft schon hat einer nach überstandener Bedrängnis das Dankeswort laut in die Sturmnacht hinausgerufen.

Intermezzi

Die senkrechte östliche Gratkante des Widderfelds erhebt sich ganz unvermittelt aus dem grasigen Rücken des Gemsmättelis, fast wie der Bug eines gewaltigen Schiffes. Der Faszination dieser Felsbastion kann man sich nicht entziehen, wenn man die Pilatuskette vom Kulm her über das Tomlishorn zum Mittaggüpfi abschreitet, die klassische Herbstwanderung der Stadtluzerner. Vor der Widderfeldkante angelangt, gibt es zwei Möglichkeiten für den Weiterweg, der Wanderer folgt dem auf die Nordseite des Berges ausweichenden Weglein und gewinnt den Widderfeldgipfel in einer unproblematischen Umgehung, während der Kletterer die von einer kaminartigen Spalte aufge-

brochene, fast senkrechte Felskante zu bezwingen sucht. Sie gehört zum obligaten Repertoire der Junioren unter den Luzerner Alpinisten.

Meine älteste Schwester Maja, sie war der Einfachheit unseres damaligen, mit acht Kindern gesegneten Haushaltes entsprechend zugleich meine Gotte, bekundete grosse Lust am Klettern, und ich versprach ihr, sie bei Gelegenheit über die Widderfeldkante mitzunehmen. Sie war durchaus berggewohnt, hatte die bekannteren Gipfel der Innerschweiz alle schon bestiegen und mich im frühesten Schulalter auf anspruchsvolle Skitouren mitgenommen. Nun sollte ich ihr auch das Klettern beibringen. Ein selten schöner Herbsttag kurz nach dem Ausbruch des Zweiten Weltkrieges gab Gelegenheit dazu. Am Fusse der besagten Kante seilten wir uns an, und ich kletterte die erste Seillänge voraus. Die Route bietet kaum Schwierigkeiten, vielleicht ausser einem etwas ausgesetzten Spreizschritt am Ende des Kamins, der eigentlichen Schlüsselstelle. Mit guter Sicherung liess ich meine Schwester nachkommen, sie hatte etwas Mühe, holte sich hin und wieder eine blaue Marke an einem vorstehenden Felsbrocken, doch bestand sie ihre Klettertaufe erstaunlich gut. Kaum waren wir dem Gratkamin entstiegen, hörten wir Zurufe von den oberen Felsen. Es war Dr. Alexander Schleit mit seiner Frau, sie hatten den schwierigeren Teil des Anstieges über die Nordflanke umgangen und nun über uns wieder den Grat gewonnen. Ich war etwas überrascht, dass die Schleits dem Kamin ausgewichen waren, kannte ich sie doch als gute Alpinisten und begeisterte Kletterer. Dr. Schleit war ein erfolgreicher Innerschweizer Industrieller, bei dem der Grindelwaldner Bergführer Albert Bohren als Chauffeur in Stellung war und den wir weniger bemittelte Berggänger deswegen immer etwas beneideten. Dr. Schleit samt seinem Bergführer auf einer Hochtour mit einer geschickteren, manchmal auch riskanteren Routenwahl auszustechen, verschaffte uns stets eine besondere Genugtuung. Viel Sympathie verlor Dr. Schleit durch den Umstand, dass er in den Kriegsjahren auch während der strengsten

Benzinrationierung auf irgendeine Weise noch Treibstoff ergatterte und in der Regel mit Albert Bohren im Auto angefahren kam. Das schockierte seine velofahrenden Bergkollegen im SAC und machte sie misstrauisch. Wie dem auch sei, an der Widderfeldkante machte ich ihm gegenüber jedenfalls kein Hehl daraus, dass mich sein Ausweichmanöver enttäuschte, und war es nur, um meiner Schwester, der Dr. Schleits alpinistisches Können nicht unbekannt war, ihr eigenes Erlebnis aufzuwerten. Wir trafen schliesslich alle auf dem Gipfel zusammen, genossen den Lunch in der wärmenden Sonne und vergassen alle solch kleinen Animositäten.

Viel häufiger als mit meiner Gotte, der ältesten Schwester, ging ich mit der nur um drei Jahre älteren Schwester Berti in die Berge, und zwar Sommer und Winter. Wir waren ausgezeichnet aufeinander eingespielt, und keine noch so mühsame Kletterfahrt oder Skihochtour war uns zuviel. In der Regel gesellten wir uns zu befreundeten erfahreneren Berggängern aus dem Kreise des Skiclubs oder des Alpenclubs, die uns immer wieder neue Tourenvarianten erschlossen. Im nachhinein konnten wir diese dann ohne Bedenken auf eigene Faust wiederholen. Im Vorfühling gehörte natürlich auch der Pilatus ins Programm. So mochte es im März 1938 gewesen sein, als wir uns zusammen mit Willy Schneeberger anschickten, den Skiaufstieg auf Kulm über Aemsigenalp, im unteren Teil am Bahntrassee entlang, in einer neuen Rekordzeit hinter uns zu bringen. Meine Schwester büsste allerdings für die anfänglich übertriebene Eile, indem sie im grossen Steilhang unter dem Matthorn so ungefähr bei jeder dritten Spitzkehre Schwindel kriegte und umfiel. Mit Mühe überwanden wir die Wächte vor den Chilchsteinen, und im Kulmhang hatten wir beide allen Elan verloren. Die Märzsonne brannte erbarmungslos auf die schon aufgeweichte Sulzschneefläche, und oben angelangt, mussten wir selber staunen, dass wir kaum dreieinhalb Stunden für den ganzen Aufstieg ab Alpnachstad benötigt hatten. Die über dem Alpenkranz lagernde mächtige Wolkenbank, eine eindrückliche Föhnmauer, wie wir ihr sagen, brachte dann die Erklärung für unsere Schwächen im Aufstieg. Es war der intensive Föhn, der meiner Schwester mitunter das Gleichgewicht genommen und auch mir zugesetzt hatte. Der Föhn, im Volksmund hin und wieder als der älteste Urner bezeichnet, gehört zu den Innerschweizer Bergen wie der Blasbalg zum Kamin. Wie viele Male hat er uns mit seinen warmen austrocknenden Windstössen und der von ihm hervorgerufenen, merkwürdig fiebrigen Atmosphäre herrlichste Klettertage geschenkt, während Mittelland und Jura schon mit heftigem Regen überzogen waren. Allein, so unberechenbar sein Kommen ist, so überraschend kann der Föhn zusammenbrechen, Ursache manch einer tragischen Bergkatastrophe. Was Wunder deshalb, wenn mein Bruder Hans den Föhn als Vorwurf für die mächtige bronzene Galionsfigur am Bug des stolzen Motor-

schiffes «Gotthard» der Schiffahrtsgesellschaft des Vierwaldstättersees verwendete. Ein Abguss dieses bärtigen, vom Winde zerzausten Kopfes ziert die Fassade unseres Hauses in Kastanienbaum am See. Es ist, als ob er vor Freude lache, dieser Kopf, jedesmal wenn der Föhn den See aufwühlt und rauschend durch die hohen Bäume des Gartens fegt.

Vom Zusammenbruch des Föhns mit allen unliebsamen Begleiterscheinungen überrascht wurden ein Jahr später mein Bruder Hans, seine damalige Frau Trudi und meine Schwester Berti, die ich alle unvorsichtigerweise zu einer Skitour auf den

Pilatus überredet hatte. Die Frau meines Bruders, eine zwar sportliche, aber überaus zarte Person, war den Strapazen nicht gewachsen, doch liess es ihr Ehrgeiz nicht zu, auf die Tour zu verzichten oder ihr physisches Ungenügen einzugestehen. Obschon wir Alpnachstad frühmorgens bei schönstem Wetter verlassen hatten, der Föhn hatte wieder einmal sein Regiment behauptet, verdüsterte sich der Himmel bald, und als wir die Chilchsteine passierten, blies ein böiger Westwind mächtige Schneefahnen den steilen Kulmhang aufwärts. Die Temperatur fiel in kurzer Zeit wohl um ein Dutzend Grade, und wir zogen so ziemlich alles über, was wir in den Rucksäcken an warmen Kleidern hatten. Mit Mühe arbeiteten wir uns den letzten Steilhang aufwärts und fühlten uns erst wieder geborgen, als wir das Berghotel durch den vom Winterwart ausgehobenen Schneetunnel betraten. Erst hier realisierten wir, wie hergenommen die Frau meines Bruders war. Sie hatte mit letzter Kraft in unserer Spur bis zum Kulm durchgehalten, aber kaum im windgeschützten Korridor des Berghotels, verlor sie die letzten Kräfte und brach zusammen. Sie war völlig unterkühlt, und ihre Hände fühlten sich eiskalt an. Trotz der guten Handschuhe, die sie im Aufstieg getragen hatte, waren ihre Finger steif und weiss. Sofort begann der Winterwart mit einer sorgfältigen Massage, zunächst mit Schnee, dann allmählich mit immer wärmerem Wasser. Nach einer halben Stunde war auch Trudi wieder ansprechbar, und ein heisser Tee mit Träsch zusammen mit den mitgebrachten Sandwiches brachten sie zurück zu Lust und Leben. Eine kurze Aufhellung mit nachlassendem Wind und stechender Sonne liess uns wenigstens am späteren Nachmittag die Abfahrt geniessen. Auch Trudi war wieder in bester Verfassung, und die Freude an der kurzweiligen Abfahrt im pulvrigen Neuschnee liess sie die ausgestandenen Strapazen vergessen. Wie vielmals schon und auch heute wieder hatte uns ein gütiger Wettergott bittere Stunden mit ganz unerwarteter Pracht und genussvollem Skifahren im frischen Schnee entgolten.

Höchberg

Mit Ausnahme einiger grösserer Alpweiden sind die Hänge rings um den Pilatus auf den Höhen zwischen 800 und 1400 Metern von prächtigen dichten und weitläufigen Wäldern bedeckt. In den tieferen Lagen sind es vorwiegend mit vielen Buchen durchsetzte Mischwälder, während in den höheren Regionen die Bergtanne in allen ihren vielfältigen Abarten die Szene beherrscht. Auch prächtige Exemplare des Bergahorns sind vereinzelt zu finden. Die Freude des Wanderers an diesen

meist wenig begangenen Wäldern steht in nichts der grossen Genugtuung nach, die sich der Naturfreund aus der mannigfaltigen Flora und Fauna holt. Die Bewirtschaftung der ausgedehnten Wälder ist in der Regel genossenschaftlich organisiert; so nimmt sich die Korporationsgemeinde der Stadt Luzern hauptsächlich der gegen die Stadt orientierten Waldungen an. Der amtierende Oberförster war für uns schon zur Schulbubenzeit eine ausgesprochene Respektsperson, Inbegriff des mit Wald und Wild verwachsenen Menschen und vielleicht gerade deswegen für uns mit einer Aura des Geheimnisvollen, der Urnatur verwandten Kraft umgeben.

Waldwanderungen gibt es unzählige am Pilatus, und sie haben alle ihre besonderen Reize und Eigenheiten. Meist durch sumpfige Hänge führend, sind einzelne Wege durch eng gefügte Holzträmel wie zu langen Brückenstiegen ausgebaut. Sie ermöglichen so auch nach längeren Regenperioden ein gutes Marschieren, nur verlieren die Trämel nach einiger Zeit die Rinden und werden dann ziemlich glitschig. Die schönsten und längsten dieser Holzwege sind im Oberwald unter der Krienser Fräkmünt zu finden, wo sich auch der Trämelegg genannte Pfad im dichten Hochwald talwärts zieht. Die immer schattigen und darum auch im Hochsommer angenehm kühlen Waldwanderungen bildeten schon während unserer Schulferien in den städtischen Heimen im Eigental unvergessliche Höhepunkte. Der Besuch der Urgrossmutter Tanne, deren Stamm an der Basis so dick war, dass es unser sechs Buben brauchte, um ihn mit ausgestreckten Armen zu umschliessen, gehörte zu den obligaten Ausflügen. Verschiedentlich suchte ich in späteren Jahren nach dieser Riesentanne, doch konnte ich sie nie mehr ausfindig machen. Wahrscheinlich ist sie im Zweiten Weltkrieg wie so vieles andere der intensiveren Holznutzung zum Opfer gefallen. Schade.

Aber auch mit den älteren Geschwistern pflegte ich sonntags die Wälder um die Fräkmünt, die Mülimäs und die Rosshütte zu durchstreifen, um zu Mittag in einer Lichtung oder an

einem der idyllischen Bäche zu lagern, ein Feuer zu entfachen, in der Gamelle abzukochen und in der Glut die Cervelats zu braten. Da boten sich meinem Bruder Hans willkommene Gelegenheiten zu raschen Skizzen oder Aquarellen, und nicht ungern sassen wir Modell für seine Bilder. Solche sonntägliche Picknicke bei schönem Wetter an den Waldsäumen des Höchbergs zählten für uns Kinder zu den vergnüglichsten Stunden, insbesondere zur Heidelbeerzeit, wenn die Früchte ausgereift waren und mit dem Kamm ergiebig gewonnen werden konnten. Herrlich mundeten sie dann als Nachspeise zu den gebratenen Würsten.

Der Weg über den Höchberg, ein langgezogener Waldkamm, der die Fräkmüntegg mit dem Chraigütsch unmittelbar über dem Eigental verbindet, bietet eine der erholsamsten Wanderungen am Pilatus. Im obersten Teil ist der Waldgrat zugleich Grenzkamm zwischen Luzern und Nidwalden, von Zeit zu Zeit an besonders exponierten Punkten fein säuberlich mit wappentragenden Grenzsteinen markiert. Dieser stimmungsvolle Weg durch den hochstämmigen Bergwald ist durchsetzt mit kurzweiligen Auf- und Abstiegen sowie kleinen sumpfigen Lichtungen mit viel Blumen. Hin und wieder sind auch am Boden liegende Stämme mächtiger Tannen zu überklettern, Opfer der böigen Westwinde, die hier an Gewittertagen über den Waldkamm brausen. Heute, da einen die Luftseilbahn von Kriens zu jeder Tageszeit bequem auf die Fräkmünt befördert, kann die

etwa zweistündige Wanderung über den Höchberg ins Eigental noch am späteren Nachmittag unternommen werden. Gerade recht zu einem währschaften «Zobig» im Hotel Hammer. Die Fahrt mit der Luftseilbahn, die sich über weite Strecken zwischen den Tannenwipfeln der Pilatuswälder hindurch bewegt, ist an sich schon ein Naturerlebnis und bringt einen so richtig in Stimmung für den nachfolgenden Fussmarsch. Selbstverständlich gibt es auch längere Varianten am Höchberg, so etwa der Umweg über die Oberlauelen, wo man sich mit einem Glas frischer Milch zu stärken pflegt und von wo aus der Gratkamm über die Langegg und Nätschen nach Querung einer idyllischen Waldlichtung wiedergewonnen wird. Die Wanderung über den Höchberg ist uns inzwischen so richtig ans Herz gewachsen, und

Im Sand Pfingsten 1966. Wir versprachen
alle zusammen uns auf einen herrlichen Tag
zu wenn ins Hopf fassen. Pfingstsonntag [...]
Litteltsmatt. Hinter dem Pilatus und
erinnerte nichts viel an den [...]
nehm. Michael hielt sich tapfer auf sei[...]
allem am obersten Pilatushang recht [...]
[...] Pilatus kamen halten ihre R[...]
Länder angestossen, worauf sie ins [...]
[...] an dem sie ihren Hund angstvoll [...]
[...] dem alle andern Versuche ohne Erfolg
gegen die obersten Partien. Nach der Fahrt
Flocken wirbel, vermischt mit hartem [...]
lichten Pilatusberg!

war der Auftakt für die diesjährigen Pfingstfeiertage und der
Pilatus, konnten wir doch wegen Michael nichts grösse-
sich grossartig an und wir fuhren mit dem Auto nach der
sen von dort zu Fuss gegen das Kulm. Die geistige Bergluft
Mai, doch für den Aufstieg war die Kühle gar nicht unange-
ester Bergtour und wurde eigentlich im letzten Viertel, wo
. Auf dem Kulm erwartete uns ein unerhörter Betrieb, die
und die Hunderte von Pseudotouristen aus allen Herren
Gruppen sofort verzweifelt einen gedeckten Unterschlupf such-
e könnten. Auch wir suchten mit der Selbstbedienung Vorlieb
ben. Der viele Schnee bot einen herrlichen Abstieg und Michael
. Es rüsterte sich der Tag und im Nu waren wir bei unserem
. Für Ende Mai ein sonderbares Wetter an unserem so heisse je.

meine Frau und ich freuen uns immer wieder, Freunde und Bekannte wie etwa meinen verehrten Lehrmeister, alt Oberrichter Hans Bachmann, anzutreffen, die dieses touristische Kleinod ebenfalls zu schätzen wissen.

Während der Kriegsjahre war das der Stadt so nahe Eigental für uns Jungvermählte nicht nur bevorzugtes Ziel abwechslungsreicher Wanderungen wie etwa über den Höchberg, sondern das ausschliesslich landwirtschaftlich genutzte Bergtal bot andere gewichtigere Vorteile. Unsere beidseitigen Eltern waren mit den zwei Wirtefamilien im Eigental, den Burris im oberen und den Hammers im unteren Gasthaus, die beide auch Alpwirtschaften mit grossem Viehbestand betrieben, gut bekannt.

Das war der Grund, weshalb wir in den mageren Kriegsjahren hin und wieder zu unerwarteten Zuschüssen an Speck, Butter und Eiern gelangten, als Freundschaftsdienst natürlich und ausserhalb der für unsere junge Familie nicht allzureichlich bemessenen offiziellen Rationen. Wir wohnten damals im dritten Stock des Willmann-Hauses am Kapellplatz in Luzern, eines alten Hauses mit hellen hohen Räumen und dicken Mauern. Ein durch drei Räume gehender riesiger Kachelofen, der von der Küche aus beheizt wurde, hätte in der kalten Jahreszeit für Wärme sorgen sollen, aber eben, Holz wie alles andere Brennmaterial war äusserst knapp und rationiert. Doch Not macht erfinderisch, und unser guter Freund Leo Burri im Eigental fand die Lösung. Er verkaufte uns einen alten baufälligen Speicher an der Eigentalerstrasse, den er nicht mehr benötigte und für dessen Erwerb wir keine Bewilligung brauchten, obschon das morsche Bauwerk als Brennholz ideal zu verwerten war. So verbrannten wir in unserem grossen Kachelofen neben den zugeteilten Reisigbündeln das Abbruchholz vom Eigentaler Speicher, und manch einer unserer Gäste wunderte sich über die wohlige Wärme im dritten Stock des Willmann-Hauses. Allein das ungeteilte Glück war noch keinem Menschen dieser Welt beschieden, und so hatten auch wir mit dem morschen Holz des Speichers prompt den Holzwurm ins Haus gebracht, und es bedurfte einiger Umtriebe, bis wir den ungebetenen Gast wieder losbekamen. Als dann kurz nach Kriegsende die Rationierung für Brennmaterialien gelockert wurde, standen gerade noch die vier Steinsockel an der Eigentalerstrasse, die in besseren Zeiten den kleinen verfallenen Speicher getragen hatten.

Meditationen

Ein jeder stellt sich früher oder später einmal die Frage, worin der Sinn des Lebens liege und ob er, so er ihn erkannt hat, ihm auch selbst genüge. Der nie versiegende Jungbrunnen der Natur, die Verbundenheit mit der heimischen Landschaft und ganz besonders das Erlebnis der Bergwelt standen für mich immer am Anfang solchen Suchens nach dem Sinn des Lebens. Wo erschiene das Göttliche, dem wir alle zustreben, ohne es je zu erreichen, überzeugender und stimulierender als in der Natur, im hoch über die Täler aufragenden Gebirge, im erstarr-

ten gigantischen Fluss der Gletscher oder im gebrochenen Licht des dichten Hochwaldes? Darum wirkt die Natur versöhnend, ausgleichend und friedvoll, und selbst die donnernde Lawine, das verheerende Gewitter oder der brandentfachende Föhn verlieren im Rückblick ihre Schrecken, ja sie gehören zur Natur wie das Leid zum Menschen. Mit derartigen Gedanken sind wir intensiv beschäftigt, mein Freund Georg Huber und ich, auf der Terrasse unseres Hauses im Sand in Kastanienbaum angesichts des Pilatus, der in diesem Blickwinkel etwas ungemein Mildes, Ausgewogenes hat und mich stets an meine Mutter erinnert. Auch ihr entstrahlte Güte, Grösse und Standhaftigkeit. Heute, in der hochsommerlichen, fast festlichen Stimmung des Sonnabends, zeigt sich der Berg im dunstigen Licht nur als schwache Silhouette.

Im Sand, 14. August 1968. Die Luzerner Festwochen haben heute ihren Auftakt mit dem Eröffnungskonzert unter dem Stab von Haitink und mit den Solisten Schneiderhahn und Seefried. Das Strawinsky Violinkonzert war ein Hochgenuss. Trotz ganz misslichem Regenwetter fanden sich über sechzig Gäste im Sand ein, um nach dem Eröffnungskonzert einige gemütliche Stunden in entspannter Atmosphäre zu verbringen. Es war ein herrlicher Abend mit der grossen Festwochenprominenz und zahlreichen Künstlern, so Frank Martin, Raphael Kubelik und seine Gattin, der sympathische Haitink, die Schneiderhahns mit grossem Anhang, Margrit Weber und viele Kenner der Musik und etablierte Kritiker von Presse und Radio. Ein gut gelungenes Fest, dank der grossen Kochkunst von Urell im Tivoli.

Ist es nicht die Vergänglichkeit des Daseins, der wir in der Natur auf Schritt und Tritt begegnen, frage ich meinen Freund. Er bejaht es und hält sogleich fest, dass Geburt und Sterben, Jugend und Alter, Ankunft und Abschied, Werden und Vergehen zum Dasein gehören. Das Erhoffte sei noch nicht da, und das Gewährte versinke in der Vergangenheit. Es gebe kein Verweilen und keine Dauer, nur Wandel und Wechsel. Das Symbol des Daseins sei der Kreis: Um ein imaginäres Zentrum kämen und gingen Stoffe und Gestalten. Und dieser ruhende Pol, um den herum sich Vergangenheit und Zukunft ununterbrochen ab-

lösten und im Durchdringen von Raum und Zeit das Schauspiel des Lebens aufführten, sei die Gegenwart.

Doch, so unterbreche ich meinen Freund, gibt es in der Natur denn nur Freude und Frieden, ist sie nicht auch im höchsten Masse bedrohlich? Die Welt sei gefährlich, entgegnet er mir, der Mensch fühle sich bedroht. Durch Schloss und Riegel, Polizei und Militär suche er Schutz vor Dieben, Räubern und Mördern. Durch medizinische Prophylaxe und Therapie begegne er Attacken gegen seine Gesundheit. Durch Sicherheitsvorkehren wolle er Unfälle vermeiden. Ein System von Versicherungen

Im Sand, Kiefernunterholz. 13.VIII.68. Herrliches Sommerwetter mit einem leisen Einschlag des herannahenden Herbstes hat uns für die letzten Ferientage im Sand beschert. Immer wieder sind es die tausendfältigen Erscheinungen der üppigen Natur, die mich zum Zeichnen reizen und deren Reproduktion, wenn sie einigermassen gelingt, stets ein Quell der Befriedigung und Erholung ist. Angesichts der breiten Tendenz zur Abstraktion, zur Anerkennung der Naturform nur noch in ihrer wissenschaftlichen Auflösung, reizt die Wiedergabe des komplexen Naturbildes doppelt. Wird es je wieder zur Geltung kommen oder ist die Abwendung bleibend? Ausgehend von der Harmonie im Universum möchte ich glauben, dass die Natur als gültiges Vorbild aller Kunst von neuem ins Zentrum rückt!

und Vorsorgen solle ihn vor finanziellen Gefahren bewahren. So sei die Welt: Keine Erscheinung, die nicht Mördergrube, Gift oder Fallstrick sein könnte, keine Tageszeitung ohne Unfälle und Verbrechen, kurz eine unheimliche Welt!

Auch die Täuschung kennt die Natur. Wer ist auf der einsamen Hochtour im Nebel nicht schon seinem zweiten Ich begegnet, wer hat nicht schon den Halt am trügerischen Stein verloren oder wurde von der scheinbaren Festigkeit der Schneebrücke nicht verführt? Georg Huber beruhigt mich, denn über nichts habe der Mensch völlige Gewissheit. Alle Entscheide müsse er mit wenig Licht in nebliger Dämmerung fällen. Selbst Wissenschaft und Forschung gebe es nur, weil der Mensch über die Welt, in der er lebt, so wenig wisse. Viele Meinungen und

Schwäne und Blesshühner im Sand

viel Glauben, fast kein Wissen, das sei die vielgerühmte Lampe des menschlichen Bewusstseins. Und Irrpfade seien die Lebenswege des Menschen. Getrieben von Begierden und Wünschen, lasse er sich täuschen. Er sehe und höre, was er wünsche, er denke, was er wolle, und ent-täuscht stehe er später verdutzt und verwundert vor der unerwarteten Wahrheit.

Wir kommen auf das Leid zu sprechen, das die Natur uns tausendfach zufügt durch Blitzschlag, Hagel, Feuer und Wasser, durch Krankheit, Beben und Seuchen. Alles Leid, so meint mein Freund, habe seinen Ursprung in der Begehrlichkeit. Das Leiden beruhe auf der Diskrepanz von Begehren und Wünschen mit der Erfahrung. Je mehr einer wünsche und begehre, um so mehr werde er leiden. Der grösste Leidbringer sei darum der Wille

im Sand. 18. August 1973. Ein Sommertag ohnegleichen! Nach der denkwürdigen Eröffnung der Manskript-Ausstellung von Paul Sacher sind wir froh, der Stadthitze in den Sand entrinnen zu können.

zur Macht, der Menschen und Dinge völlig beherrschen wolle. Dieser Wille sei unerfüllbar, denn alle Erscheinungen der Welt folgten stets den vorhandenen Kräften, Reizen und Motiven und nicht dem ephemeren Willen eines Einzelnen.

Am Berg und ganz besonders am Pilatus erfahre ich die Natur auf mannigfaltige Weise, ich begegne ihr und erlebe sie zusammen mit anderen Menschen. Das Erlebnis verschafft mir in dieser vergänglichen, bedrohlichen und täuschenden Welt Geborgenheit. Georg Huber empfindet ähnlich und meint, wo Begegnung Gemeinschaft stifte, da wandle sich die unheimliche

und finstere Gegend zur vertrauten und lichten Heimat. Dem Menschen in der Natur zu begegnen heisse auch Zuflucht finden beim Sein, das allen Menschen und Dingen innewohne.

Unser Gespräch wird angeregter, und einer von uns sagt provozierend: Nichts ist ohne Grund, das Dasein stammt aus Etwas und ruht auf Etwas. Was ist das Dasein, was ist sein Grund, wie heisst das Etwas? sind die spontanen Fragen meines Freundes, und als Antwort ruft er aus: Sorge! Das Sein gebe allem, dass es so sei, wie es ist, es sorge für Menschen und Dinge. Darum sei der Grund des Daseins die Sorge.

Unser Disput will nicht enden. Im Abendlicht zeichnet sich der Pilatus nun klarer, seine felsigen Flanken sind von einem zarten rötlichen Schimmer überzogen, die tieferen Partien und die Wälder der Fräkmünt liegen ohne Licht im blaudunkeln undifferenzierten Schatten. Auch wir wollen unser Philosophieren mit der Frage nach dem Sinn des Lebens abschliessen. Das So-Sein der Menschen und Dinge hat sich bei eingehender Betrachtung als vergänglich, bedrohlich und täuschend erwiesen. Alles werde uns nur für kurze Zeit geborgt, wirft Georg Huber ein. Leicht in Erregung geraten, meint er, der Sinn des Lebens könne nur etwas Dauerhaftes sein, eine Art Fixstern, der uns Ziel und Richtung gebe. Ein solcher Fixstern sei die Gegenwart. Der Sinn des Lebens heisse darum: Dem Ich, dem Du und dem

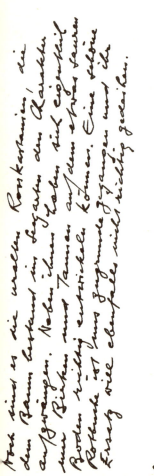

Es gegenwärtig-sorgend begegnen, also sorgen für alles, was mit, für und durch uns sei.

Die einsetzende Kühle zwingt uns zum Aufbruch von der Terrasse. Wir geben dem Pilatus einen letzten Blick. Im Hause finden wir ein flackerndes Kaminfeuer und eine reich gedeckte Tafel, untrügliches Zeichen der Sorge meiner Frau um unser beider Wohlergehen. Zu dritt nun um den Tisch nimmt unser Gespräch beim Essen seinen Fortgang. Die Gegenwart meiner Gattin verleiht der Unterhaltung neue Spannung, denn die Frauen sind nun einmal die praktischeren, lebensnaheren Geschöpfe und als solche theoretischen Spekulationen eher abgeneigt. So beginnen mein Freund und ich Speise und Trank zu loben, was die Dame des Hauses wiederum nicht ernst nimmt

und als Schmeichelei abtut, immerhin mit einem sichtlich vergnügten und zufriedenen Lächeln. Wo fängt denn Lüge an und wie weit ist sie als Freundlichkeit erlaubt, dem Frieden zuliebe? Das fragen wir uns insgeheim, und schon entschlüpft Georg ein neues Kompliment. Genug damit, wir sind hoffnungslos ins So-Sein abgeglitten, vom Da-Sein keine Spur...

Die Ballnacht

Neben unserer Liebe für Natur und Berge – und in einem gewissen Sinne mit ihr verbunden – hatten meine Frau und ich während der frühen Schulzeit unseren Plausch bei den Luzerner Pfadfindern. Sie wie ich, lange bevor wir uns kennenlernten, waren eifrige Jünger Baden Powells und fanden viel Freude und Genugtuung in der damals in der Innerschweiz noch kleinen Bewegung. Zwar sah man in den Pfadfindern Mitte der zwanziger und Anfang der dreissiger Jahre in Luzern eher eine den Kindern aus besser gestellten Gesellschaftsschichten vorbehaltene Institution, und darin hatte ich eigentlich herkunftsmässig gar nichts zu suchen. Doch meine älteste ehrgeizige Schwester Maja, die sich intensiv um meinen Werdegang bekümmerte und die während der langen Krankheiten unserer Mutter sie gewissermassen ersetzte, legte Wert auf diese Verbindung. Verständlich, denn sie selbst hatte leitende Funktionen in der lokalen Pfadfinderbewegung von damals inne.

Nicht immer lief alles rund mit meiner Pfadfinderei. Das Zeltlager 1929 des rotschwarzen Trupps oberhalb Airolo im reizvollen Bedrettotal mussten wir trotz der sommerlichen Jahreszeit fünf Tage früher als geplant wegen Schnees abbrechen. Die verfrühte Heimkehr aus dem Lager, für das mein Vater sechzig hart verdiente Franken aufzubringen hatte, war ganz und gar nicht in seinem Sinne, und er hätte mich begreiflicherweise lieber die vollen drei Wochen im städtischen Ferienheim im Eigental versorgt gesehen, was damals zwanzig Franken kostete. Doch ein Unglück kommt selten allein. Nach dem vorzeitigen Abbruch der Zelte im unteren Bedretto blieb eine von niemandem begehrte Wolldecke übrig, die wir dann im jugendlichen Übermut und zur Belustigung von uns allen den wilden Fluten des Tessins übergaben. Eine grosse Luftblase schützte

die braune Decke trotz der reissenden Wasser lange Zeit vor dem Versinken, und erst nach einer leichten Biegung des Flusses entschwand sie unseren Blicken. Zu Hause musste ich dann mit Schrecken feststellen, dass es die meinige gewesen war! Trotz Missgeschicken solcher Art hatte ich meine helle Freude an den samstäglichen Spielen und Übungen auf der Luzerner Allmend oder in den umliegenden Stadtwäldern, und ich beneidete meine Kameraden, die sich die Teilnahme an einem der internationalen Jamborees, so etwa in England oder Ungarn, leisten konnten, Länder, von denen ich nur nebelhafte, darum aber

nicht weniger phantastische Vorstellungen hatte. Die Bindung zu der Pfadfinderei haben meine Frau Doris und ich auch später behalten, allerdings mit dem Älterwerden und dem uns stärker beanspruchenden Studium in der viel loseren Gesellschaft der Altpfadfinder, an die uns noch heute enge Freundesbande knüpfen.

Oft pflegten wir uns auch zu Bergtouren und Skiwanderungen zusammenzufinden, und als eifriger Alpinist mit einiger Bergerfahrung musste ich mich hin und wieder für die Leitung einer gemeinsamen Tour verpflichten. So war es auch an jenem

Februarsonntag im schneereichen Winter 1946, als eine Skitour auf den Pilatus, die ich führen sollte, auf dem Programm stand. Allein das dichte Schneetreiben am frühen Sonntagmorgen hatte unseren Pfaderfreunden offenbar jede Lust am Vorhaben genommen, denn neben meiner Frau und mir als Tourenleiter fand sich niemand am Bahnhof ein. Auch in Alpnachstad, wo wir dem Brünigzug entstiegen, trafen wir keine weiteren Kameraden, die etwa per Auto bis dorthin gefahren wären. Doch uns beide konnte weder der viele Neuschnee noch das dichte Flokkengewirbel vom einmal gefassten Entschluss abbringen, und so schnallten wir die Skier an und machten uns auf den einsamen

Laubalp am Pilatus. 23. Mai 1976

Trotz der vorgerückten Saison war der Pilatus heute ganz in Wein gehüllt. Im oberen Teil lag der Schnee recht tief und ein kalter Wind blies um die Ohren. Entsprechend wenig Wanderer waren unterwegs. Die Laubalp ist noch nicht bezogen; es herrschte grosse Stille um das Haus. Immer bin ich erneut von der Architektur des Alpgebäudes fasziniert.

23. X. 76

Heute fanden wir die Laubalp-hütte zu unserer Überraschung umgebaut. Der First des Hauses hat jetzt die Talrichtung und der schöne charakteristische zentrale Aufbau ist verschwunden. Obschon die Alphütte mit Sorgfalt modernisiert wurde, ist uns ein weiteres Zeugnis typischer innerschweizerischer alpiner Baukultur für immer weg. Anstelle des silbergrauen Schindeldaches ist das neue Haus mit Eternit eingedeckt.

Weg, zunächst durch den seltsam stillen, fast märchenhaften Winterwald. Der lange Anstieg über die Alp Deneten zehrte wegen des anstrengenden Spurens zusehends an unseren Kräften, und oberhalb der Laubalp, kurz vor den Chilchsteinen, immer noch im dichten Schneegestöber, gaben wir auf. Der tiefe Neuschnee zwang uns, dem lawinensicheren Aufstiegstrassee auch bei der Abfahrt zu folgen, stets grosse Haufen des luftigen Neuschnees vor uns herstossend. Recht mitgenommen von solchen Strapazen beendeten wir das missratene Unternehmen im «Sternen» in Alpnachstad bei einem Glas Glühwein, und ich war eigentlich ganz froh, dass wir diese Niederlage am Pilatus für

Tomlishorn, 10. Juni 1966. Die riesigen Schneemengen des vergangenen Winters machen die etwas ausgesetzten Wege am Pilatus bis in den Sommer hinein recht kritisch. So gehöre ich wahrscheinlich zu den ganz wenigen, die viel dieses Jahr bereits an den alten Tomli weg gewagt haben. Die immer noch immer wieder Altschnee massen zwingen einen vom Wege ab und mitunter gibt es ganz exponierte Kletterpien. Doch ein mal droben, ist alle Mühsal vergessen und es herrscht lauter Glück über das grosse Ferne. Festhistourmt mit ein Totenmauer über den Alpenkamm doch hier ist es vorläufig noch harmlosigen Vorsommer wetter, und es plagt einen nur, dass man nicht noch höher hinauf zu gehen ist.

uns behalten konnten und sie unseren Altpfadfinder Freunden erspart geblieben war. Als einzige Skifahrer verliessen wir beide am Abend im Bahnhof Luzern den Brünigzug. Noch immer herrschte Hudelwetter, und tiefer Schnee lag sogar in der Stadt auf den verlassenen Strassen und Plätzen.

Grösstes Ereignis im Jahresablauf des Altpfadfinderverbandes war aber zu unserer Studentenzeit jeweils der Camping-Ball im Herbst. Bälle waren zwar nie meine Vorliebe, denn ich war ein schlechter Tänzer, und das nahm mir natürlich die Freude daran. Trotzdem gab ich dem Drängen meiner Freundin Doris ausnahmsweise nach, und wir fanden uns am ersten Oktobersamstag 1940 im damaligen Hotel St. Gotthard ein. Es war ein lustiges Fest in der Gesellschaft vertrauter Freunde, doch litt ich unter meiner Ungeschicktheit im Tanzen. Meine Freundin dagegen, eine Tänzerin aus Leidenschaft, suchte mich mehr oder weniger erfolgreich durch die musikalischen Rhythmen zu schleppen, bis ich der Sache überdrüssig wurde. Unser Pfaderfreund Paul Moeri, er hatte eben sein Diplom als Architekt ETH erworben und war selbst ein grosser Charmeur und vergnügter Tänzer, trat dann in die Bresche, und meine spätere Frau und er genossen die Tanzfreuden bis in die frühen Morgenstunden.

Noch selten empfand ich mein Ungenügen in gleichem Masse und mit eben solcher Intensität wie damals und kaum je war ich enttäuschter über mich selber, als da ich meine Freundin und Ballgespanin bei anbrechender Morgendämmerung nach Hause begleitete und in stummer Wut, vermischt mit eifersüchtigen Gedanken an unseren frohgemuten Tänzerfreund, in höchst unbegründeter Reserviertheit von ihr Abschied nahm. Doch was brachte mich wieder ins Gleichgewicht: Der Pilatus. Kaum bei mir zu Hause angelangt, wechselte ich das schwarze Ballgewand mit den Berghosen, band mir die Schuhe und fuhr mit dem Velo nach Alpnachstad. Das rötliche Licht der ersten Sonnenstrahlen färbte bereits die obersten Felsbänder der östlichen Pilatusflanken, als ich die Aemsigenalp passierte, in der

Matthorn - Pilatus. 16. September 1978

Seit langem beging ich
heute wieder einmal den
Mattgrat (Russigfluh)
im Abstieg. Die "Messer-
kante" machte mir
etwas Mühe und
ihr fiel auch meine
Armbanduhr zum
Opfer! Ein Geburts-
tagsgeschenk von
Boris!

Absicht, das Matthorn über den exponierten Ostgrat zu erklettern. Nach Überwindung der griffarmen Felsen im untersten Abschnitt des Grates gewann ich bald die luftige Kante, die sich allmählich so verschärft, dass sie nur mehr rittlings zu meistern ist. An der Überkletterung dieses ausgesetzten Abschnittes hatten wir schon als Mittelschüler unsere helle Freude, denn seine Überwindung war eine kitzlige Mutprobe, bei der sich der Spreu vom Weizen trennte. Der bekannte Tiroler Bergführer und Filmdarsteller Luis Trenker war damals unser Idol, und wir versuchten alles, es ihm in den Kalkfelsen des Matthorngrates irgendwie gleichzutun. Selbst der zerknüllte filzige Berghut Trenkers fehlte nicht auf dem Kopf Thedy Kloters, meines ebenso fanatischen Seilkameraden. Doch heute war ich allein am Grat und mit mir selbst beschäftigt. Es brauchte wiederum die Überwindung dieser kurzen exponierten Schneide, um mir mein Selbstvertrauen wieder zu geben. Ja, ich konnte sogar ein verstohlenes Lächeln über die nächtliche Aufregung nicht unterdrücken. Auch fing mich das Gewissen an zu plagen, Doris gänzlich ungerechtfertigerweise den Kopf gemacht zu haben.

Es war ein herrlich schöner Oktobersonntag, der Alpenkranz in milden Dunst gehüllt, viel ausgewogener als im Frühling oder bei Föhn, wenn sich das Gebirge mit einer fast aufdringlichen Schärfe der Konturen und sozusagen mit entblössten geologischen Strukturen präsentiert. Eine halbe Stunde Rast auf dem Gipfel des Matthorns versöhnte mich endgültig mit der Umwelt und der Menschheit, und ich machte mich frohen Mutes an den kurzweiligen Abstieg über die Ruessiflue, einen sich vom Matthorn nach Südosten neigenden Klettergrat. Der mächtige überhängende Felsvorsprung am unteren Ende des Grates verlangt ein kleines Abseilmanöver, das im Alleingang stets von besonderer Spannung ist, weil der Einzug des Seils von unten im voraus nicht zu testen ist und ein gewisses technisches Geschick erheischt. Auch dieses Manöver verlief fast wie am Schnürchen.

Nicht immer geht alles so reibungslos. Erinnere ich mich doch des gleichen Abstiegs im Sommer 1946 mit meiner Schwester Berti und ihrem berggewohnten Gatten. Wir hatten das doppelte Seil um den grossen Abseilblock geschwungen und es dann mit dem zugeknöpften Ende den Überhang hinuntergeworfen. Meine Schwester begann als erste abzuseilen, ungesichert im einfachen Dülfersitz, wie wir es damals gewohnt waren. Wegen der etwas abrupten Belastung im Augenblick, da meine Schwester vom Überhang ins freie Hängen kam, verschob sich das Doppelseil seitlich auf den oberen Felsen, und meine Schwester schwebte über dem Abgrund statt über der kleinen

Felsplattform, auf die wir abseilen wollten. Mit Schrecken realisierten wir alle, dass es für sie weder ein Hinauf noch ein Hinab mehr gab. Wir hatten kein zweites Seil, und für einen Moment waren wir ratlos. Schliesslich gelang es meiner Schwester, mit unserer Unterstützung von oben durch immer weiter ausholendes Pendeln, stets im Dülfersitz hängend, den Rand der Felsplattform zu erreichen und sich mit einem gewagten raschen Griff dort festzuklammern. Der Rest war unproblematisch, und meinem Schwager und mir wurde es sichtlich wohler. Mit doppelter Vorsicht machten auch wir uns ans Abseilen, sorgsam darauf achtend, dass das Doppelseil sich über dem Felsbuckel nicht auf die Seite schob.

Lebhaft erinnerte ich mich dieses Missgeschicks meiner Schwester, als ich nun heute, glücklich über die gelungene Kletterei und nach der aufregenden Ballnacht auch wieder zufrieden mit mir selber, Seil und Schlingen unter den letzten Gratfelsen in den Rucksack packte. In schnellen Schritten machte ich mich an den abwechslungsreichen Abstieg durch die wenig begangenen steilen Waldhänge nach der Alp Fräkmünt. – Es war dies keineswegs das letztemal, dass mich die Felsen am Pilatus nicht nur physisch, sondern auch psychisch wieder ins Gleichgewicht brachten.

Gimpelpaar im Mirabellenbaum

Mülimäs

Halbwegs im Aufstieg von Kriens auf Pilatus Kulm, etwa zweihundert Höhenmeter unterhalb Fräkmünt, steht das schmucke Berghaus des Skiclubs Luzern, gegen Norden und Westen umrahmt von dichtem hochstämmigem Tannenwald und gegen Osten mit freier Sicht auf See und Berge. Nach Süden dagegen erhascht der Blick gerade noch die oberen Felspartien des Pilatus, die über den dunkeln Tannenwipfeln eine hellgraue Kulisse bilden. Das vom Luzerner Architekten Erich Lanter entworfene Blockhaus ist an schönen Wochenenden im Sommer wie im Winter begehrtes Ziel der bergbegeisterten Leuchtenstädter, vor allem natürlich der Mitglieder des Skiclubs und des Alpen-

clubs, die in der Regel den etwa zweistündigen Anstieg von Kriens her aus Lust am Wandern und aus Freude an der voralpinen Natur zu Fuss unternehmen. Die Betagteren fahren mit der Seilbahn bis Fräkmünt und steigen dann zu Fuss in zwanzig Minuten bequem zur Mülimäs hinunter. So sammelt sich jeweils an sonnigen Samstagen und Sonntagen ein fröhliches Völklein auf der der Hütte vorgelagerten Steinterrasse, und vielfach hält es dann schwer, sich vom idyllischen Ort und der lustigen Gesellschaft so bald wieder zu trennen, es sei denn, dass ein drohendes Gewitter zum voreiligen Aufbruch nötige. Auch die stets freundliche und von Fachkenntnis getragene Sorge des die Hütte betreuenden Ehepaars um das leibliche Wohl der Gäste verführt natürlich zur längeren Bleibe.

Das mit viel Liebe und Verständnis in die wildnatürliche Umgebung eingefügte Berghaus wurde 1962 erbaut, und zwar als Ersatz der einem Brand zum Opfer gefallenen alten Skiclubhütte. Am 19. Juli 1971, einem trüben und stürmischen Regensamstag – die Seilbahn musste wegen des heftigen Windes den Betrieb einstellen –, versammelten sich gegen hundert Clubmitglieder im neuen Bergheim, um nach allerlei Ansprachen und unter musikalischen Einlagen das fünfzigjährige Bestehen der Mülimäs als Clubunterkunft zu feiern. Nicht immer geht es so vornehm und grosszügig zu und her wie an diesem Jubiläumstag, an dem sich die ganze Prominenz der bergverliebten Luzerner dem schlechten Wetter zum Trotz an der Feierstätte eingefunden hatte. Die von meinem Bruder für diesen Anlass geschaffene und in einer beschränkten Auflage herausgegebene Lithographie, zwei sich jagende Langläufer vor der Silhouette des Pilatus darstellend, sorgte neben anderen Spenden für die notwendige Äufnung des Hüttenfonds. Eine farbige grossformatige Cibachrome-Kopie des Langläuferbildes ziert noch heute den heimeligen Essraum der Berghütte, während Hans Zeier, der altverdiente Luzerner Skiläufer, die dem Club gewidmete Originalzeichnung zu treuen Handen aufbewahrt. Ein dem Skiclub ebenfalls seit seiner Jugend verbundener Luzerner, Dr. Robert

Käppeli, heute Ehrenpräsident der Ciba-Geigy, war auch unter der Festgemeinde. Schon 1920, beim Bau der inzwischen abgebrannten alten Skihütte, hatte er zusammen mit den damaligen Clubkameraden tüchtig Hand angelegt, um nun am Fünfzig-Jahr-Jubiläum erneut als grosszügiger Förderer der Bergunterkunft in Erscheinung zu treten. Am meisten aber freuten sich seine Clubfreunde an den zwei herrlichen Aquarellen, beide den vom Föhn durchwühlten Vierwaldstättersee mit verschiedenen Bergkulissen darstellend, die er dem Club zum Geschenk machte und deren Vergrösserungen auf Cibachrome nun neben den Langläufern meines Bruders die Seitenwände des grossen Essraumes in der Hütte zieren. Ein anderes, frühes Aquarell von seiner Hand, es zeigte die ausapernde, vom Schmelzwasser des Frühlingsschnees durchfurchte Mülimäswiese, hatte viele Jahre im Aufenthaltsraum der alten Hütte gehangen und wurde leider 1958 beim Brand zerstört.

Was aber den besonderen Reiz der Mülimäs ausmacht, ist der Umstand, dass der Wanderer dort an schönen Wochenenden unfehlbar mit vertrauten Ski- und Bergkameraden zusammentrifft. Dass diese Begegnungen immer wieder alte unvergessliche Erinnerungen an gemeinsame Bergfahrten lebendig werden lassen und die Schilderungen im genüsslichen Umtrunk mitunter eher abenteuerliche, ja phantastische Formen anzunehmen pflegen, das ist eine Erscheinung, mit der sich die Beteiligten schon längst abgefunden haben und die keiner dem andern mehr übel-

nimmt. Da ist Erwin Schärli, der rührige Spiritus rector der Vereinigung pro Pilatus, die sich in uneigennütziger und aufopfernder Weise dem Unterhalt der vielen Bergpfade rund um und auf den Luzerner Hausberg annimmt, oder Werner Meyer, mit dessen Begegnung in den Flühen des Pilatus, gleichgültig zu welcher Jahreszeit, einfach immer zu rechnen ist. Andere Bergfreunde wie etwa Josef Brun, der Meisterphotograph, und seine charmante Frau Margrit lassen das ungezwungene Zusammensein auf der Mülimäs gleich zum fröhlichsten Alpfest werden. Noch schwieriger wird es dann aufzubrechen, obschon es die

Fülle von Trank und Speise längst geboten hätte. Ein Glück, dass der unumgängliche Fussmarsch nach Kriens bei eindunkelnder Nacht lange und beschwerlich genug ist, um die schlimmsten Folgen der Unmässigkeit unterwegs noch auszutragen.

Eine andere Episode aus meiner Jugendzeit bleibt mir immer mit der Mülimäs verbunden, obschon ich selbst nur mittelbar daran teil hatte. Es war im Winter 1929. Er war ausserordentlich streng, brachte viel Schnee, und Ende Februar fiel das Thermometer selbst in der Stadt Luzern auf fast dreissig Grad unter den Gefrierpunkt. Ich erinnere mich deutlich, wie den Fasnachtstrompetern am Fritschizug die metallenen Mundstücke vor Kälte an den Lippen kleben blieben, sie nur noch stotternde Töne herausbrachten und der Umzug schliesslich vorzeitig abgebrochen werden musste. Sogar des Seebecken war zu einem grossen Teil zugefroren. An einem dieser Tage war mein Bruder mit zwei Clubkollegen zum Langlauftraining auf Mülimäs. Durch Zufall stiessen die Läufer wenige hundert Meter von der Hütte entfernt auf den leblosen, steif gefrorenen Körpers eines älteren Skifahrers, halb zugedeckt im kalten pulvrigen Schnee. Er musste tags zuvor vor Erschöpfung oder an einem Herzversagen umgekommen sein. Der Tote soll einen zufriedenen, ja geradezu glücklichen Ausdruck im Gesicht gehabt haben. Uns jüngeren Geschwistern hatte die einlässliche Schilderung des Vorfalles durch den Bruder einen tiefen Eindruck hinterlassen. Durch das glücklich verklärte Gesicht des in der Kälte Dahingeschiedenen wurde der Erfrierungstod für uns so etwas wie ein Wunschtod, denn der Übergang müsse, so sagten wir uns, schmerzlos sein und wie in einem schönen Traum. Nun, warum auch nicht, noch niemand hat ja seinen eigenen Tod überlebt. So sind die Assoziationen mit der Berghütte Mülimäs nicht nur freudige, auch das Tragische gehört zum Leben.

Mons Fractus

Aufzeichnungen über den Pilatus zu machen, ohne kurz zurückzublicken in die vergangenen Jahrhunderte und die Stimme des einen oder andern zu hören, der den Berg in seiner Jungfräulichkeit erlebte, wäre geradezu eine Anmassung. Noch im ausgehenden Mittelalter brauchte es grossen Mut, Opferbereitschaft und die Überwindung verbreiteten Aberglaubens, ganz abgesehen von der strikten Beachtung behördlicher Auflagen und Formalitäten, für jeden, der sich an den Berg getraute. Es waren darum auch nicht Besteigungen Einzelner, sondern die Expeditionen

auf den Pilatus hatten zu jener Zeit den Charakter grösserer Unternehmungen, mit Amtspersonen und einheimischen ortskundigen Sennen als Begleittross.

In seiner äusserst lebendigen, 1811 erschienenen Beschreibung der Stadt Luzern und ihrer Umgebungen in topographischer, geschichtlicher und statistischer Hinsicht schildert J. Businger, Kanonikus in Preussen und gewesener Pfarrer in Stans, den Pilatus wie folgt:

«Dieses, seiner Natur und Form nach, gleich interessante Hochgebirge beginnt am westlichen Saume des Luzernersees

Im Sand. Kastanienbaum. Stephanstag 1979.
Dieser friedvolle Ausblick von Zug über den See auf Pilatus und die Alpen ist gewissermassen symbolisch für den Stand meines Buches über den Luzerner Hausberg. Vergangene Woche habe ich mit Graphiker Hanns von der NZZ alle siebzehn Kapitel des Buches durchbesprochen und die Bebilderung aus den wohl vierzig Tagbüchern ausgewählt und zugeteilt. Mir scheint, es gäbe eine sehr ansprechende Publikation, für die auch der Verlag recht grosszügig disponiert. Wird das Buch Anstoss zu anderm?

und dehnt von da seine Kette, wohl vierzehn Stunden in die Länge, nach Süden bis zum Thunersee im Kanton Bern aus. Es führt sozusagen die Reihe der mitternächtlichen Alpen an, wie der Rigi die Vorwache der östlichen bildet, und steht diesem in ernster feierlichen Grösse und Majestät gegenüber. So ausgebreitet heute der Ruf und so allgemein der Besuch des Rigi ist, so gross und noch berühmter war einst der Name des Pilatusbergs, indem kaum ein Hochgebirge der Schweiz so viel beschrieben und so oft bereist worden ist wie dieser Felskoloss. Er weckte schon früh die Neugierde der Gelehrten.

Seine ursprüngliche Benennung leitet man von mannigfaltigen Ursachen her, und ältere und neuere Schriftsteller haben dieselbe verschieden angegeben. Im allgemeinen wird er Pilatusberg genannt, Mons Pileatus, von der hutförmigen Wolke, die bei guter Witterung gewöhnlich seine Stirn umschleiert.

Andere und zwar die ältesten Urkunden heissen ihn Mons Fractus, Fract Mont, Frakmund, um seiner zerrissenen Gipfelspitze willen auf ost- und nördlicher Bergseite. Der grosse Haufen aber leitete Jahrhunderte hindurch die Benennung „Pilatus" von einem fabelhaften Märchen her, der Versenkung des römischen Landpflegers von gleichem Namen in dem kleinen auf der Höhe des Gebirges befindlichen Alpsee.

Eine grössere und imposantere Haltung wie dieser Felsenriese hat nicht bald ein Hochgebirge der unermesslichen Alpenwelt aufzuweisen. Geschieden in einigem Raum von der nahen Bergkette und umgrenzt vom Entlebuch und Emmental auf der einen, so wie von Unterwalden und dem Brienzersee auf der andern Seite, überschaut er als mächtiger Herrscher alle die kleineren Hügel und Vorberge und scheint wohlgefällig auf ihr freundliches Anschmiegen herabzublicken. Seine absolute Höhe wird von der Fläche des Luzernersees mit 5760 Fuss nach General Pfyffer, 5212 Fuss nach Wyss und 5586 Fuss nach Escher und Feer bestimmt, folglich um 1404 Fuss über dem höchsten Grat des Rigi Kulm angegeben. Nach dieser Bestimmung gehört der Pilatus zwar noch keineswegs in die Reihe der höchsten Alpgebirge. Auch birgt keine ewige Eisdecke seine oberste Gipfelspitze. Indessen verdient er in anderer Hinsicht, der Zahl der höchsten Gebirge in der Alpenkette angereiht zu werden, weil er auf seiner eigenen mächtigen Grundlage ruht und seine Basis sich vom obersten Gipfel bis zum Rande des Sees erstreckt, während die meisten und grössten Hochgebirge, schichtenweise aufeinander liegend, oft ihren Fuss selbst schon ungleich höher aufsetzen.»

Auch die Besuche, die der Pilatus in geschichtlicher Zeit erhielt, fanden die Aufmerksamkeit von Kanonikus J. Businger, und er berichtet in seinem unterhaltsamen Werk darüber in ausführlicher Weise. So lesen wir weiter:

«In späteren Zeiten erst wurde berühmten Gelehrten oder andern angesehenen Reisenden die gefahrvolle Bergwanderung bewilligt; wie im Jahr 1518 dem damals in Luzern sich aufhaltenden Herzog Ulrich von Württemberg, im gleichen Jahr Joachim Vadian, Burgermeister von St. Gallen, im Jahr 1555 dem grossen C. Gessner und 1580 dem berühmten baslerischen Arzt Felix Platter. Ein wesentliches Verdienst um die Verscheuung dieses fabelhaften Volkwahns erwarb sich im Jahr 1585 der damalige Dekan und Stadtpfarrer, Magister Johann Müller, von dem Cappeler in seiner Geschichte des Pilatusbergs folgende Anekdote erzählt: Dieser würdige Geistliche gab sich lange viel Mühe, das so tief eingewurzelte, alberne Märchen vom Pilatussee aus dem Grund zu tilgen. Er begab sich daher in obigem Jahr selbst mit einer zahlreichen Gesellschaft auf den Berg und zu der verrufenen Pfütze. Daselbst fing man an, die Seele des armen Landpflegers und ihre Peiniger auf verschiedene Art und in verschiedenen Sprachen hervorzurufen, Steine nach dem Grund des Wassers mit Schimpf zu schleudern und sich aller Art Freiheiten gegen die unten hausenden Geister herauszunehmen. Aber weder Ungewitter, noch Regenguss, weder brausender Sturm, noch tobender Steinregen liess sich hören. Die Natur der leblosen Dinge blieb zum Staunen der anwesenden schwächeren Gläubigen ruhig und ungestört. Noch mussten am Ende Leute durch den Pfuhl waten, um zu beweisen, dass derselbe weder bodenlos sei noch feurige Dünste ausspeie. Und so fielen endlich Vorurteile und Blödsinn und siegten Vernunft und Überzeugung über den fabelhaften Ruf des lange genug verschrieenen Berges.»

Eine Schilderung der Ersteigung des Berges am 20. August 1555 verdanken wir dem Zürcher Naturforscher Conrad Gessner in seiner «Descriptio Montis Fracti sive Montis Pilati», die sich in der Übersetzung bei Richard Weiss, «Die Entstehung der Alpen», Frauenfeld 1934, folgendermassen liest:

Zur See, 16. Juli 1966. Die Landschaftsmalerei von Robert Zünd hat mich seit jeher interessiert. Seine romantische Auffassung der Natur und seine exakte Darstellung haben ihn zum Innerschweizer Meister par excellence gemacht. Auf unserer Reise nach Amsterdam bin ich zufällig auf einen herrlichen Zünd gestossen: Ausblick von Weggis gegen See und Pilatus mit der Spitze von Kastanienbäumen im Mittelgrund. Gibt es ein passenderes Bild für uns? So war der Entschluss zum Erwerb trotz exorbitantem Preise schnell gefasst und wir alle freuen uns des Bildes in Basel, fern den Gestaden von Luzerner See. Die Komposition ist von einer seltenen Ausgewogenheit, die selbst in der unbeholfenen Nachzeichnung noch etwas zum Ausdruck kommt.

Das Bild hat eine mehr oder weniger Kompositionsstruktur: Diagonale in der Spirale könnte man sie umschreiben. Im mehr diese Strukturen ein wichtiges Element im Leben der Bilder. Es entwickelt sich fortwährend entlang der Grundlinien, (wächst) vom Zentrum über die Spirale in die Peripherie.

Für mich ist der Pilatus (fractus mons) ein derartiger Bezugspunkt, der sich wie ein Leitmotiv durch mein Leben zieht. Dieser Berg ist mir in einem gewissen Sinne Herausforderung und Maßstab zugleich und seltsamerweise ist ihm in meiner Sicht und in meinem Erleben etwas Mütterliches eigen, etwas Beschützendes und Mahnendes, aber auch eine unheimliche Schicksalhaftigkeit. So ruft mir die stolze Silhouette des Berges am klaren Himmel stets das Bild unserer Mutter in Erinnerung, sie war so unerschütterlich wie der Pilatusfels.

Wohl jeder begegnet in seinem Leben etwas Bestimmendem, Zentralem und Schicksalhaftem, das ihn sozusagen von seiner Kindheit her begleitet und das ihm die frühe Umwelt, das Elternhaus oder der erste Freundeskreis mitgegeben hat. Dieses Etwas kann die verschiedensten Formen annehmen, es kann rein geistiger Natur sein, es kann sich in einer persönlichen Bindung erschöpfen oder in einer Naturbeziehung, einem landschaftlichen Erlebnis bestehen.

Zahlreich sind die Aufzeichnungen und Skizzen rund um diesen Berg auf meinen Zeichenblöcken und in den Skizzenbüchern, die ich im Rucksack mitzuschleppen pflege. Es schien mir der Mühe wert, sie hier zwanglos und in ihrer ursprünglichen Spontaneität in diesem Bändchen zu reproduzieren.

Sand-Kastanienbaum
21. August 1970

«Der Fuss des Frakmont, von welchem wir ausgingen, ist gegen anderthalb Stunden von Luzern entfernt. Von ihm steigt man durch Wälder, Täler, Weiden und Abhänge empor.

Übernachtet haben wir in einem Heugaden im Eigental bei einem sehr freundlichen und gastfreien Hirten, welcher uns mit verschiedenen Milchspeisen erquickte; immerhin fehlte auch der Wein nicht, den unser Führer, der Stadtdiener, mitgetragen hatte. Wir brauchten nämlich einen Führer aus zwei Gründen: Erstens wegen des Glaubens der Einheimischen, welche niemanden zum Pilatussee zulassen (sie sind sogar durch einen jährlichen Eid verpflichtet, das nicht zu tun), der nicht einen bewährten Mann aus der Bürgerschaft bei sich hat, von dem sie sich bestätigen lassen, dass die Behörden die Erlaubnis für den Aufstieg gegeben haben; zweitens, damit wir nicht vom gangbaren Aufstiegsweg abkämen.

In der Mitte zwischen dem Gipfel des Berges und dem Eigental wird der Aufstieg fortan steiler und schwieriger, bis zur höchsten Hütte oder Sennerei, wenn ich den einheimischen Ausdruck brauchen soll. Ein wenig unterhalb, zur Rechten, entspringt in einer kleinen Erdhöhle verborgen am Bergeshang eine Quelle, deren klares und eisiges Wasser uns von Mattigkeit, Durst und Hitze wunderbar befreite, als wir aus ihr tranken und darin getauchtes Brot assen; das ist ein solcher Genuss, dass ich nicht weiss, ob ein angenehmerer, epikuräischerer (obschon er äusserst nüchtern und einfach ist) die menschlichen Sinne ergreifen kann...

Nachdem wir uns in der obersten Alphütte an ausgezeichneter und sehr fetter Milch erlabt und in ein Alphorn geblasen hatten (das fast elf Fuss lang, aus zwei mässig geschweiften und ausgehöhlten Stämmen zusammengesetzt und mit Weidebändern geschickt verbunden war), bogen wir links hinab unter der Führung des Viehhirten aus jener Hütte, und bald stiegen wir dreifüssig, das heisst gestützt auf unsere Stöcke, die sogenannten Alpenstöcke, welche man am untern Ende meist mit einer eisernen Spitze versieht, weglos in einem langen Marsch den sehr steilen Abhang hinauf; zuweilen mussten wir sogar kriechen und uns an Rasenbüscheln anklammern; aber zwischen Felsblöcken und Klüften kamen wir doch endlich beim Gipfel heraus, von welchem wir die Aussicht im grossen ganzen und im Westen besonders das der Herrschaft Luzern unterworfene Entlebuch betrachteten. Auf dem Gipfel ragt eine Erhöhung aus dem Fels hervor, von der man glaubt, dass Pontius Pilatus einst da gesessen und furchtbare Gewitter erregt habe. An diesem Felsen waren einige Buchstaben erkennbar, die Namen der Besteiger, und die Jahrzahlen und einige Stammes- und Familienwappen.»

Was könnte meine eigenen Aufzeichnungen über den Pilatus sinniger abschliessen als diese Notizen Conrad Gessners. Er hatte seinen Zeitgenossen die geheimnisvolle Schönheit und den Zauber der Bergnatur näher gebracht und lange vor Albrecht von Haller und Jean-Jacques Rousseau versucht, den Menschen von den Zwängen überlieferter Vorstellungen zu befreien. Das Erlebnis des Gebirges trug für ihn erhabene Züge, und er bekundete bereits im ausgehenden Mittelalter ein Naturverständnis, an dem sich im Grunde genommen bis heute kaum mehr Wesentliches geändert hat. In unserer von der globalen Technokultur beherrschten Welt sind wir um alle Zeichen froh, die uns an das Göttliche in den Dingen erinnern und uns anweisen, am Menschen, vor allem an sich selbst, das Mass zu nehmen.